Abenteuer & Wissen

Maja Nielsen
# David Livingstone
>>> Das Geheimnis der Nilquellen
Fachliche Beratung: Neil McGrigor und Michael Bitala

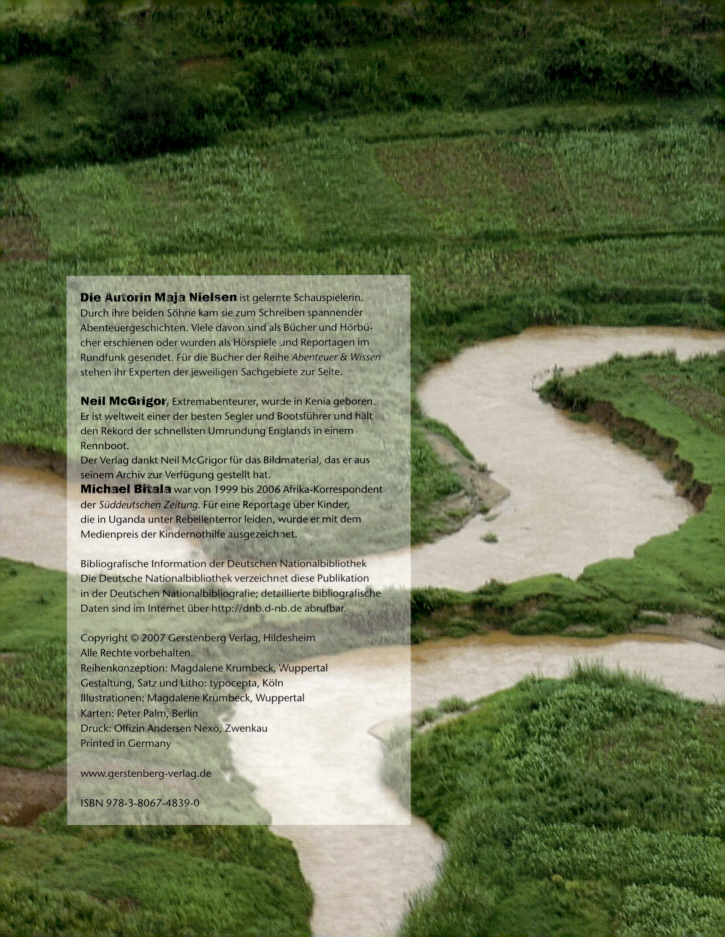

Die Autorin Maja Nielsen ist gelernte Schauspielerin. Durch ihre beiden Söhne kam sie zum Schreiben spannender Abenteuergeschichten. Viele davon sind als Bücher und Hörbücher erschienen oder wurden als Hörspiele und Reportagen im Rundfunk gesendet. Für die Bücher der Reihe *Abenteuer & Wissen* stehen ihr Experten der jeweiligen Sachgebiete zur Seite.

Neil McGrigor, Extremabenteurer, wurde in Kenia geboren. Er ist weltweit einer der besten Segler und Bootsführer und hält den Rekord der schnellsten Umrundung Englands in einem Rennboot.
Der Verlag dankt Neil McGrigor für das Bildmaterial, das er aus seinem Archiv zur Verfügung gestellt hat.

Michael Bitala war von 1999 bis 2006 Afrika-Korrespondent der *Süddeutschen Zeitung*. Für eine Reportage über Kinder, die in Uganda unter Rebellenterror leiden, wurde er mit dem Medienpreis der Kindernothilfe ausgezeichnet.

Bibliografische Information der Deutschen Nationalbibliothek
Die Deutsche Nationalbibliothek verzeichnet diese Publikation in der Deutschen Nationalbibliografie; detaillierte bibliografische Daten sind im Internet über http://dnb.d-nb.de abrufbar.

Copyright © 2007 Gerstenberg Verlag, Hildesheim
Alle Rechte vorbehalten.
Reihenkonzeption: Magdalene Krumbeck, Wuppertal
Gestaltung, Satz und Litho: typocepta, Köln
Illustrationen: Magdalene Krumbeck, Wuppertal
Karten: Peter Palm, Berlin
Druck: Offizin Andersen Nexö, Zwenkau
Printed in Germany

www.gerstenberg-verlag.de

ISBN 978-3-8067-4839-0

Inhalt

>>> Der Schwarze Erdteil 6

1 Mythos Nil 8

2 Karawane mit Hindernissen 14

3 Im Rennboot auf dem Nil 22

4 Der Rebellenangriff 30

5 Das Telegramm 36

6 Gefunden 46

7 Die Quelle des Nil 54

Chronik 60
Tipps 61
Register 62

Der Schwarze Erdteil

>>> **Afrika galt lange Zeit** als der geheimnisvolle „Schwarze Erdteil". Von gefährlichen Raubtieren und dunkelhäutigen „Wilden" bevölkert, über die schon seit der Antike haarsträubende Berichte verbreitet wurden. Undurchdringlicher Dschungel, unmenschliches Klima, heimtückische Krankheiten – in Europa glaubte man, dass es völlig unmöglich sei, im Inneren des Kontinents zu reisen. So ist Zentralafrika in Europa noch bis vor etwa 150 Jahren größtenteils „terra incognita" – unbekanntes Land.

Erst im 19. Jahrhundert machen sich Forscher und Missionare auf, um den geheimnisvollen Kontinent systematisch zu erkunden. Der berühmteste unter ihnen ist der Schotte David Livingstone, ein Mann, der im Laufe seines Lebens 18 Jahre durch Afrika zieht, zu Fuß, quer durch Urwälder, Wüsten und Sümpfe, und dabei zehntausende Kilometer zurücklegt. Nachdem ihm von 1854 bis 1856 die Durchquerung Zentralafrikas von West nach Ost – eine mehr als 6500 Kilometer weite Strecke – gelungen ist, er den Sambesi erforscht und als erster Europäer vor den gewaltigen Victoria-Fällen gestanden hat, wird er 1866 beauftragt, das größte Geheimnis Afrikas zu ergründen: David Livingstone soll die Quelle des Nil finden, des längsten Stromes der Erde, der nach alten Berichten im Herzen des Schwarzen Kontinents entspringt. Livingstone, Forscher mit Leib und Seele, ein Mann von großem Mut und verblüffender Zähigkeit, macht sich auf den Weg – und verschwindet von der Bildfläche. Als man fünf Jahre kein Lebenszeichen mehr von ihm erhalten hat, begibt sich der Journalist Henry Morton Stanley auf die gefahrvolle Suche nach dem Vermissten.

Auch heute noch ist die alte Frage nach den Nilquellen nicht abschließend beantwortet. 140 Jahre nach Livingstone begibt sich der Brite Neil McGrigor erneut auf eine Expedition zu den Quellen des Nil – es wird das Abenteuer seines Lebens.

Man wird die Geschichte über die Entdeckung der Nilquellen neu schreiben müssen.

Neil McGrigor

Mythos Nil

▶▶▶ Sansibar, 28. Januar 1866. Die palmenreiche, fruchtbare Insel vor der ostafrikanischen Küste ist im 19. Jahrhundert eines der wichtigsten Handelszentren des Indischen Ozeans. Von hier werden Waren aus dem Inneren Afrikas in alle Welt verschifft: Gewürze, Elfenbein und Sklaven. Als der berühmte englische Afrikaforscher und Missionar David Livingstone an jenem Tag in Sansibar an Land geht, fängt er sofort mit den Vorbereitungen für seine neue Expedition an. Livingstone stellt eine Karawane aus Lasttieren zusammen, heuert Träger an und versorgt sich mit Vorräten. Eine gewaltige Forschungsaufgabe liegt vor ihm. Zwei Jahre, so meint er, wird er unterwegs sein. Seine Expedition wird ihn in das unbekannte Innere des afrikanischen Kontinents führen. Er kann kaum erwarten, dass es endlich losgeht.

David Livingstone soll im Auftrag der Königlichen Geografischen Gesellschaft in London, der Royal Geographical Society (RGS), ein Jahrtausende altes Rätsel der Menschheit lösen: herausfinden, wo die Quellen des Nil sind! Gelingt ihm das, dann zählt er zu den größten Entdeckern aller Zeiten.

Streckenweise kann man dem Lauf des Nil weder auf dem Fluss noch an Land folgen. Die Stromschnellen sind zu wild, das Uferdickicht ist undurchdringlich.

David Livingstone war durch seine harte Kindheit an Entbehrungen gewöhnt. Eine gute Voraussetzung für sein späteres Forscherleben in Afrika

❓ Steckbrief David Livingstone

David Livingstone wird am 19. März 1813 im schottischen Blantyre geboren. Schon mit zehn Jahren muss er täglich in einer Baumwollspinnerei arbeiten. Nach der Arbeit besucht er die Abendschule und schafft es schließlich sogar, Medizin zu studieren. **1840** Aufbruch als Missionar nach Südafrika | **1845** Heirat mit der Missionarstochter Mary Moffat. Das Paar hat vier Kinder. Bald konzentriert Livingstone sich mehr auf die Forschungsarbeit als auf die Mission. | **1849** Erste Forschungsreise; er erreicht den Ngami-See | **1853–1856** Durchquerung des afrikanischen Kontinents. Dabei entdeckt er als erster Europäer die Victoria-Fälle. | **1866** Beginn der letzten großen Forschungsreise im Auftrag der Royal Geographical Society | Am **1. Mai 1873** stirbt Livingstone in Chitambo in der Nähe des Bangweulu-Sees.

> Jetzt, wo ich im Begriff bin, eine neue Reise ins Innere Afrikas anzutreten, fühle ich mich neu belebt. Der Gedanke, unerforschtes Land zu bereisen, bereitet mir größtes Vergnügen. Immer empfindet man das spannende Gefühl, dass in der Ferne Gefahren durch Menschen und Tiere lauern.
>
> David Livingstone, Tagebuchaufzeichnung vom 26. März 1866

Der Nil ist mit 6671 Kilometern Länge der längste Strom der Erde. Er hat zwei Quellflüsse: den Blauen und den Weißen Nil. Der Weiße Nil, der längere der beiden Quellflüsse, ist das Ziel von Livingstones Expedition. Sein Ursprung liegt tief im Herzen Afrikas.

Folgt man dem Lauf des Nil von der Mündung im Mittelmeer bis zur Quelle, kommt man durch Gebiete, die unterschiedlicher kaum sein könnten. Der Nil durchfließt die glutheiße, trockene Sahara und den riesigen Victoria-See, den zweitgrößten Süßwassersee der Erde, der in etwa so groß ist wie ganz Irland. Der Nil strömt durch die sich schier endlos ausdehnenden Sümpfe des Sudan und durch die undurchdringlichen Regenwälder Ugandas. Er entspringt irgendwo im Bereich der großen Seen Zentralafrikas. Wo genau, das gilt es herauszufinden.

Schon im Altertum interessierten sich die Menschen des Mittelmeerraumes für die Quellen des Nil. Sie bewunderten den Wohlstand, den die Nilfluten dem Land Ägypten bescherten. Der fruchtbare Nilschlamm, der auf den Feldern zurückblieb, wenn sich das Wasser wieder zurückzog, schenkte den Ägyptern Jahr für Jahr phantastische Ernten und ließ in Ägypten eine Kultur entstehen, die uns noch heute in Staunen versetzt: die Pyramiden, die Tempel,

Royal Geographical Society

Die Royal Geographical Society (RGS), die Königliche Geografische Gesellschaft, wurde 1830 in London gegründet. Sie trat die Nachfolge der Afrikanischen Gesellschaft an, deren Ziel die Erforschung des afrikanischen Kontinents gewesen war. Aufgabe der RGS wird die Erforschung der ganzen Erde: Sie hat zahlreiche Expeditionen in die entferntesten Regionen der Welt beauftragt und mitfinanziert und tut dies noch heute.

> **Ägypten ist ein Geschenk des Nil. Es ist unbestreitbar, dass sie die Früchte der Erde mit viel weniger Mühe als andere Menschen ernten.**
> Herodot

das Gold der Pharaonen. Die alten Ägypter dankten den Göttern für das segensreiche Geschenk. Die Quelle ihres Reichtums erkundeten sie nicht – die Reise stromaufwärts war zu gefährlich.

Der griechische Geschichtsschreiber Herodot dagegen versuchte bereits im 5. Jahrhundert v. Chr., den Fluss und seine Quelle zu ergründen. Im Jahre 460 v. Chr. reiste er stromaufwärts. Doch schon beim ersten Katarakt bei Assuan endete seine Reise. Die Stromschnellen des Nil wirbeln mit unvorstellbarer Gewalt zwischen spitzen und nur schwer überschaubaren Felsklippen hindurch, manchmal auf einer Länge von 15 Kilometern. Keine Chance, dort mit dem Schiff durchzufahren. Herodot war nicht lebensmüde. Er kehrte um.

Spätere Entdecker umgingen die Stromschnellen. Sie schleppten ihre Schiffe und ihr ganzes Gepäck über Land, bis der Fluss wieder befahrbar wurde. Wie viele Menschen auf der Suche nach den Quellen des Nil ihr Leben ließen, kann keiner sagen. Wer nicht durch Krankheiten umkam, in den reißenden Stromschnellen des Nil unterging, von den Pfeilen kriegerischer Einheimischer töd-

Links: Der Hafen von Sansibar um 1870. Den Namen erhielt die Insel von arabischen Händlern: *bar* des *zandj* ist arabisch und bedeutet „Küste des schwarzen Mannes".

Rechts: Gefährliche Stromschnellen unterhalb der Rusumu-Fälle in Ruanda

Sklavenhandel in Afrika

Sklaverei gab es schon im Altertum. So brachten die Armeen im Alten Ägypten von ihren Feldzügen Gefangene mit, die für wohlhabende Ägypter Sklavenarbeit leisten mussten. Doch erst mit Ankunft der Portugiesen in Westafrika und der Gründung arabischer Handelsniederlassungen in Ostafrika begann der Sklavenhandel als internationales „Geschäft": Mit Waren aus Europa – Baumwolle, Gewehre, Perlen u.a. – wurden afrikanische Sklaven eingetauscht und weiterverkauft, häufig wurden sie auch ohne „Bezahlung" eingefangen. Etwa 11,5 Millionen Menschen von der afrikanischen Westküste wurden allein nach Amerika zur Arbeit auf die riesigen Baumwollplantagen verschleppt. Die dort angebaute Baumwolle wurde in Europa zu Stoffen verarbeitet, die wiederum nach Afrika verschifft wurden.

lich getroffen zusammenbrach, von wilden Tieren angefallen wurde oder vor Erschöpfung starb, der schaffte es vielleicht noch, sich bis zu den ausgedehnten Sumpfgebieten im heutigen Sudan durchzuschlagen, dem Sudd. Aber weiter kam keiner. Sudd ist das arabische Wort für Hindernis. Der Sudd ist ein Himmel für Moskitos und eine feuchte, schilfbewachsene Hölle für Menschen. Krankheiten, feindlich gesinnte Stämme, ein mörderisches Klima und überall riesige, schwarze, dichte Wolken von hungrigen Moskitos – hier machten auch die Soldaten des römischen Kaisers Nero kehrt, die sich im 1. Jahrhundert n. Chr. auf die Suche nach den Quellen des Nil gemacht hatten. Im Alten Rom wurde diese Suche zum Sprichwort für eine Sache, die völlig aussichtslos schien: „Caput Nili quaerere", sagte man dann. „Da fragst du mich nach den Quellen des Nil", heißt das grob übersetzt. „Frag mich was Leichteres!"

Fast 2000 Jahre lang wagen es die Europäer nicht mehr, ins Innere Afrikas zu reisen. Auch die Küstengegenden südlich der Sahara erreichen sie zunächst nicht. Widrige Meeresströmungen und stürmische Winde lassen eine Schiffspassage dorthin bis zum Mittelalter einfach nicht zu. Im 15. Jahrhundert werden schließlich Karavellen gebaut: wendige Schiffe, mit denen man auch gegen den Wind segeln kann. Da entsendet Heinrich der Seefahrer, der Sohn des portugiesischen Königs, die besten Kapitäne des Landes. Ihnen gelingt es erstmals, weit nach Süden zu segeln und an der Westküste Afrikas Handelsstützpunkte zu errichten. Die Ausbeutung Afrikas durch die Europäer nimmt hier ihren Anfang. Und zwar genau im Jahr 1443 – da werden zum ersten Mal 165 afrikanische Frauen, Männer und Kinder nach Portugal verschleppt. In der portugiesischen Hafenstadt Lagos wird der Sklavenmarkt eröffnet. Die Nachfrage nach afrikanischen Sklaven ist groß. Die Portugiesen gehen entlang der Westküste auf Menschenjagd. Ein schwunghafter Handel setzt ein.

Außer den Portugiesen betreiben auch die Araber in Afrika Sklavenhandel. Ihre Handelsposten liegen an der Ostküste Afrikas und auf der Insel Sansibar. Auf der Suche nach neuen Sklaven dringen die Araber als Erste ins Innere des Kontinents vor. Im Laufe der Zeit errichten sie ein Netz aus Handelsstützpunkten und Karawanenwegen, auf denen sie ihre Waren und die bedauernswerten Sklaven zur Küste befördern. Afrikas Menschen findet man bald in aller Welt als Zwangsarbeiter. Das Innere Afrikas aber bleibt weiterhin unbekannt, die Nilquelle ein Rätsel.

Ich dachte: Welchen Körperteil von mir wird er wohl zuerst fressen?
Livingstone auf die Frage, welche Gedanken ihm während des Löwenangriffs durch den Kopf schossen

Erst im 19. Jahrhundert, als es Dampfschiffe gibt, mit denen man auf Teilabschnitten der Flüsse fahren kann, als man wirkungsvolle Medizin gegen die verschiedenen Tropenkrankheiten kennt, wird die Suche nach den Quellen wieder aufgenommen.

Die Royal Geographical Society entsendet 1857 zunächst die beiden Abenteurer Richard Burton und John Hanning Speke nach Afrika, um das Geheimnis der Nilquelle zu ergründen. Weil die beiden sich nach ihrer Rückkehr jedoch nicht einig werden können, ob der Victoria-See oder der Tanganjika-See die eigentliche Nilquelle ist, schickt der Präsident der RGS, Sir Roderick Murchison, den hoch angesehenen David Livingstone zur Klärung der Angelegenheit nach Ostafrika.

Livingstone ist als Afrikaforscher längst ein alter Hase, als er sich auf die Suche nach den Quellen des Nil macht. In England kennt ihn jedes Kind. Jeder weiß, warum sein linker Arm unbrauchbar ist: Während seines ersten Aufenthaltes in Afrika überlebte er nur knapp einen Löwenangriff. Das wütende Tier verbiss sich in seinen Arm und zersplitterte sein Schultergelenk.

Livingstone war der erste Europäer, der Afrika von West nach Ost durchquerte. Zehntausende Kilometer legte er zumeist zu Fuß zurück. Er stand als erster Europäer vor den

Livingstone stand bei dem Löwenangriff so unter Schock, dass er weder Angst noch Schmerz verspürte. Später konnte er mit seinem linken Arm nichts mehr heben.

Wie wilde Tiere wurden die Sklaven in Ketten gelegt.

Der große Streit

Anfang 1857 begeben sich die beiden Briten John Hanning Speke und Richard Burton gemeinsam auf die Suche nach den Quellen des Nil. Speke, der den fieberkranken Burton in der Stadt Tabora zurücklässt, schlägt sich allein weiter durch und entdeckt den Victoria-See. Fortan behauptet er, dass der Victoria-See die Quelle des Nil sei, während Burton den Tanganjika-See dafür hält. Die beiden zerstreiten sich über dieser Frage bis aufs Blut. Auch eine weitere Expedition Spekes zum Victoria-See fördert keine handfesten Beweise zutage. 1864 wird unter dem Vorsitz von David Livingstone eine Konferenz einberufen, die endlich Klarheit schaffen soll. Burton und Speke sollen sich einer öffentlichen Debatte stellen, aber am Tag vor dem mit Spannung erwarteten Zusammentreffen der beiden Streithähne kommt Speke bei einem Jagdunfall zu Tode.

---

atemberaubenden Wasserfällen des Sambesi, dem mächtigsten Wasserfall der Erde, bei dem das Wasser auf einer Breite von fast zwei Kilometern donnernd in die Tiefe stürzt. 119 Meter tief! Zu Ehren der englischen Königin wurde er von den Briten Victoria-Fälle genannt. „Tosenden Rauch" nennen die Einheimischen das gigantische Naturschauspiel. Über allem stehen zwei märchenhafte Regenbögen. Für Livingstone „der herrlichste Anblick", den er je in Afrika gesehen hat.

Durch Livingstones Reisen und seine Bücher, die er darüber schrieb, haben die Menschen in Europa erstmals eine Vorstellung von Zentralafrika bekommen. Durch ihn wissen sie auch, dass im Inneren Afrikas auch 50 Jahre nachdem in England der Sklavenhandel verboten wurde, immer noch Sklavenfänger mit rücksichtsloser Brutalität auf Menschenjagd gehen. Livingstone hasst die Sklaverei aus tiefster Seele. Wo er kann, kauft er Sklaven frei oder befreit sie unter Einsatz seines Lebens. Das Unrecht der Sklaverei ein für alle Mal zu beenden – das bedeutet ihm mehr als alles andere.

Ursprünglich war Livingstone nicht als Forscher, sondern als Missionar nach Afrika gekommen, um die „Eingeborenen", wie man damals sagte, zum christlichen Glauben zu bekehren. Er gewinnt besonders als Arzt und wegen seiner Freundlichkeit und Güte die Anerkennung und Zuneigung der Afrikaner, vor seinem Glauben haben sie jedoch große Angst. Die Vorstellung vom Jüngsten Gericht lässt sie erzittern. Und was, bitte schön, sollen sie mit ihren vielen Frauen machen, wenn sie die Taufe empfangen haben? Als Christ darf man nur eine einzige Ehefrau haben. Sie können ihre anderen Frauen und Kinder doch nicht einfach in die Wüste schicken! In den sechs Jahren, in denen sich Livingstone ausschließlich auf seine Missionsarbeit konzentriert, gelingt es ihm nicht, auch nur einen einzigen Afrikaner zum christlichen Glauben zu bekehren. Dennoch wird er nie müde, die frohe Botschaft zu verkünden. Livingstone ist ein sehr frommer Mensch. Sein Glaube scheint ihm unerschöpfliche Lebenskraft zu geben. So glaubt er auch fest daran, dass es ihm mit Gottes Hilfe gelingen wird, das Geheimnis um die Quelle des Nil zu lüften.

Jedes Jahr wurden auf dem Sklavenmarkt in Sansibar etwa 100 000 Sklaven verkauft.

Karawane mit Hindernissen

▶▶▶ **Mit sechs Kamelen,** drei Büffeln mit einem Kalb, zwei Maultieren und vier Eseln dampft Livingstone zunächst mit einem Schiff von Sansibar aus 500 Kilometer nach Süden. An Bord befindet sich alles, was man damals benötigt, um in Ostafrika zu reisen: bedruckte Baumwollstoffe, Messingdraht und Perlen – Tauschwaren für den Handel mit den Einheimischen. Um diese riesigen Warenballen und das übrige Expeditionsgepäck durch die Wildnis zu befördern, hat Livingstone Träger eingestellt. Außerdem ist es ihm gelungen, zum Schutz der Karawane Sepoys anzuwerben, Inder, die in den britischen Kolonialstreitkräften ihren Dienst tun. Sie haben sich freiwillig gemeldet, denn Karawanenarbeit lohnt sich doppelt: Die Träger nehmen eigene Waren mit ins Landesinnere. Damit und mit ihrem Lohn, den sie in Form von Baumwollstoffen ausgezahlt bekommen, treiben sie während der Wanderung auf eigene Rechnung Handel.

Livingstone will mit seiner 60 Mann starken Karawane entlang des Flusses Ruwuma bis zum Njassa-See marschieren und sich von da weiter Richtung Norden zum Tanganjika-See durchschlagen. Irgendwo im Einzugsbereich dieses Sees vermutet er die Nilquelle.

An der von Büschen, Bambus und Dattelpalmen umwucherten Ruwuma-Mündung geht er mit seiner Karawane an Land. Es dämmert bereits. Tausende von Grillen empfangen sie mit unentwegtem Zirpen. Die Reise ins Innere des Schwarzen Kontinents beginnt.

Der Dschungel ist so undurchdringlich, dass Livingstone all seine Überzeugungskraft aufbringen muss, damit seine Träger ihm in den düsteren Urwald folgen, durch dessen Blätterdach kaum ein Sonnenstrahl dringt. Mühevoll suchen sie sich einen Weg durch Stachelgewächse mit bedrohlich scharfen Dornen, die ihnen wie Wälle den Weg versperren. Darauf folgt ein Wegstück mit Klettergewächsen, dick wie Schiffstaue. Wie gigan-

 Sansibar
Sansibar ist nach Madagaskar die größte ostafrikanische Insel. Im Mittelalter siedelten sich Händler aus Arabien, Indien und Persien an. Vom 17. bis zum 19. Jahrhundert wurde die Insel vom arabischen Sultan von Oman beherrscht und zu einem bedeutenden Handelszentrum für Sklaven, Elfenbein und Gewürze. Die Briten zwangen den Sultan 1873, den Sklavenhandel zu beenden. Daraufhin entwickelte sich ein Schwarzmarkt für Sklaven. Erst 1897, als Sansibar britische Kolonie war, wurde der Sklavenhandel endgültig eingestellt.

Livingstones Dampfschiff, die *Ma-Roberts,* mit dem er den Sambesi erforschte

> **S**olange wir im Urwald waren, in dieser von der Feuchtigkeit des Indischen Ozeans durchtränkten Heißluft, konnte ich beim Betrachten der üppigen, sinnlichen Pflanzenwelt das Gefühl nicht überwinden, ich kämpfe um mein Dasein.
>
> David Livingstone, Tagebuchaufzeichnung vom 13. April 1866

Der afrikanische Regenwald mit seinen über 50 Meter hohen Bäumen ist an manchen Stellen so dicht, dass kaum Sonne durchdringt. Man bewegt sich wie in einem grünen Dämmerdunkel.

? Wüste und Dschungel

In Afrika gibt es so vielfältige Landschaftsformen wie nirgendwo sonst auf der Welt. Dazu zählen der Dschungel mit seinem Tier- und Pflanzenreichtum, die Savanne, Heimat von Elefanten, Zebras, Löwen und Gnus, und die Wüste, mit der Sahara und der Kalahari die größten Wüstengebiete der Welt.

tische Boas legen sie sich um die dicht stehenden Bäume und ranken dann von Baum zu Baum. Die Kletterpflanzen breiten sich in alle Himmelsrichtungen gleichzeitig aus. Zäh, widerspenstig; mit bloßen Händen kann man sie nicht zerreißen. Einheimische Männer vom Stamm der Makonde, die Livingstone vor Ort anwirbt, schlagen mithilfe von Äxten einen schmalen Pfad durch den Urwald.

Livingstone ist bereits 53 Jahre alt, als er diese Reise antritt. Man sieht dem zierlichen, leicht stotternden Mann mit dem braunen Schnauzbart nicht an, wie viel Zähigkeit und Tapferkeit in ihm stecken. Bescheidenheit, Wahrheitsliebe, Versöhnlichkeit und Güte gehören zu seinen Hauptcharaktereigenschaften. Livingstone stammt aus einer sehr armen Familie und musste schon als Zehnjähriger zum Lebensunterhalt beitragen. Von morgens sechs bis abends acht schuftete er in einer Baumwollspinnerei. Sein Vater war ungeheuer streng und übertrieben religiös. Es gefiel ihm gar nicht, dass sich sein Sohn brennend für Naturwissenschaften interessierte. Er sah darin eine Gotteslästerung und verprügelte den wissbegierigen Jungen sogar dafür. Dennoch ging Livingstone jeden Tag nach der Arbeit unbeirrbar von acht bis zehn Uhr zur Abendschule. Er war also schon als Kind sehr zäh.

Gleich zu Beginn des Marsches zeigt sich, dass er keine gute Hand bei der Auswahl seiner Träger hatte. Besondern die Sepoys, die indischen Soldaten, die die Karawane schützen sollen, erweisen sich als unzuverlässig. Sie überladen die Kamele, um selbst nichts tragen zu müssen, und richten die Tiere damit zugrunde. Livingstone ermahnt die Männer, die Tiere gut zu behandeln, stößt aber auf taube Ohren. Nach und nach sterben ihnen die Kamele weg. Die Expedition kommt nur noch im Schneckentempo voran. Sechs Kilometer am Tag – mehr schaffen sie nicht, seit sie die schweren Lasten selbst tragen müssen.

In den Dörfern der Makonde macht die Karawane halt, um sich mit Lebensmitteln zu versorgen. Auch wenn die Makonde mit ihren Tätowierungen und den abgefeilten, spitzen Zähnen gefährlich aussehen – zum Glück sind sie überaus freundlich. Die Karawane kann ihre bedruckten Baumwollstoffe gegen Lebensmittel eintauschen. Honig ist billig. Für einen Viereinhalbliter-Topf bezahlt Livingstone lediglich mit einem knapp zwei mal zwei Meter großen Tuch. Manchmal bekommen sie auch etwas zu essen geschenkt. Mehl oder Hühner, auch mal einen Korb mit Reis.

Nur mühsam kommt die Karawane voran. Die Inder halten Livingstones Güte für Schwäche und zeigen keinerlei Disziplin. Auch auf seine anderen Träger kann Livingstone nicht wirklich zählen. Verdruss bereiten ihm vor allem die ewig murrenden Männer von der ostafrikanischen Johanna-Insel. Livingstone hat schon auf seiner vorangegangenen Expedition entlang des Sambesi-Flusses erleben müssen, dass sie Diebe und Betrüger sind. Aber weil er keine anderen

Ein Mann von der Volksgruppe der Makonde

Die Träger

Ohne einheimische Träger konnte keine Expedition im Inneren Afrikas reisen. Es gibt zwar große Flusssysteme, vor allem auch in Zentralafrika, aber sie sind wegen der vielen Stromschnellen nur streckenweise befahrbar. So mussten riesige Strecken zu Fuß zurückgelegt werden. Die Träger schleppten nicht nur das Gepäck und die Vermessungsinstrumente für die Forscher, sondern auch Güter für den Tauschhandel, Waffen, Munition und Lebensmittel. Jeder Träger hatte eine Last von bis zu 35 Kilogramm zu transportieren und bekam für seine Dienste jeden Tag ein etwa ein mal ein Meter großes Stück Baumwolltuch.

Sepoys

Sepoys (aus dem Persischen: *sipahi* = Soldat) wurden die indischen Soldaten aus der britischen Kolonie Indien genannt. Livingstones Sepoys gehörten der Marine an und hatten sich freiwillig zur Teilnahme an der Expedition gemeldet. Sie sollten die Karawane im Falle eines Angriffs durch die Araber oder Einheimische verteidigen.

Links: Sepoys in ihrer traditionellen Kleidung. Die Inder standen im Dienste der britischen Kolonialstreitkräfte.

Rechts: Auch heute noch sind Esel eines der häufigsten Last- und Transportmittel in Afrika.

Helfer finden kann, hat er sie zähneknirschend dennoch wieder angeheuert, was er noch bitter bereuen wird. Nur auf seine beiden Diener Chuma und Susi kann er sich verlassen. Sie verehren den Forscher, lieben ihn wie einen Vater. Livingstone hat Chuma als Kind aus der Sklaverei befreit, und das wird der ihm nie vergessen.

Anfang Mai verlässt die Karawane den Urwald. Da wird es schwieriger, Nahrungsmittel zu besorgen. Das Gebiet, durch das sie ziehen, leidet unter einer Dürre. Der steppenartige Boden ist steinig, das Gras ist welk und gelb, die Bäche sind ausgetrocknet, die Afrikaner haben selbst kaum etwas zu essen. Nur Mimosen wachsen hier und eine stachelige Akazienart. Livingstone und seine Karawane leiden auf diesem Wegstück großen Hunger. Nur noch kurze Märsche sind möglich. Livingstone hat auch deshalb so große Schwierigkeiten, Proviant zu bekommen, weil er sich in dem Revier arabischer Sklavenhändler bewegt. Die Stämme, die hier leben, gehen für die Sklavenjäger auf Menschenjagd. Sie überfallen fremde Dörfer, machen Gefangene und liefern sie den Arabern aus. Dafür haben sie von den Sklavenhändlern Gewehre und Munition, Glasperlen und schöne Kleider im Überfluss bekommen. Livingstones Baumwollstoff hat im Tausch gegen Lebensmittel kaum einen Wert. Bald kann der Engländer täglich nur noch eine Handvoll Getreide an die Männer ausgeben.

Überall stößt er auf Spuren der skrupellosen Menschenhändler. Gefangene Sklaven, die auf dem Gewaltmarsch zur Küste nicht mehr mit der Karawane mithalten können und erschöpft zu Boden sinken, werden von den Sklavenhändlern brutal umgebracht und zur Warnung für die anderen an Bäumen aufgehängt. Livingstone ist bei diesem Anblick jedes Mal aufs Neue schockiert. Er weiß genau,

was die geschundenen Menschen, die es bis nach Sansibar schaffen, auf dem Sklavenmarkt erwartet: Sie werden wie Vieh verkauft. Jahr für Jahr werden dort 100 000 Sklaven auf dem großen Markt angeboten. Die Käufer prüfen das Gebiss, untersuchen den Körper, selbst die intimen Bereiche, und werfen Stöckchen, die der Sklave zurückholen muss, um zu sehen, wie geschmeidig er sich bewegt. Die in Ketten gelegten Menschen empfinden das als ungeheure Schande. Dann wird lautstark um den Preis gefeilscht, und der Sklave wechselt den Besitzer. Seit zahlreiche Siedler in Amerika Plantagen aufbauen, gibt es eine enorme Nachfrage nach Arbeitskräften aus Afrika, die vor allem von der Westküste nach Amerika verschifft werden. Bei der Überfahrt in die Neue Welt wird die menschliche „Ware" in den Unterdecks angekettet. Ein Viertel von ihnen stirbt bereits bei der Reise über den Atlantik. 11,5 Millionen Sklaven, so schätzt man, wurden von 1750 an bis zum Ende der Skaverei Ende des 19. Jahrhunderts allein nach Amerika verschleppt.

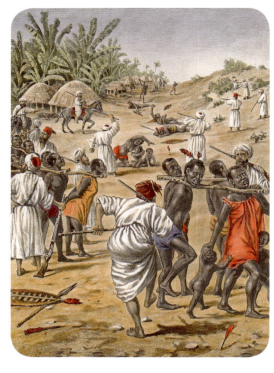

Arabische Sklavenjäger überfallen ein afrikanisches Dorf. Nach wenigen Wochen Gefangenschaft waren die Menschen derart verängstigt, dass sie auch ohne Ketten nicht mehr wagten davonzulaufen.

Die Quelle des längsten Stroms der Erde ist noch in weiter Ferne, und der Ärger mit den indischen Soldaten reißt nicht ab. Sie lassen sich zurückfallen, töten den einzigen jungen Büffel, der mit der Karawane zieht, und teilen das Fleisch allein unter sich auf. Die anderen Hungrigen gehen leer aus.

In dem Dorf des Häuptlings Mataka entlässt Livingstone die Sepoys endlich aus seinen Diensten. Der Forscher atmet auf. Die Karawane kommt jetzt viel besser voran. Nach zehn Tagen erreichen sie den Njassa-See, den Livingstone bereits auf einer vorangegangenen Reise erforscht hat.

Fisch gibt es hier in Hülle und Fülle, viele verschiedene Arten, endlich werden sie wieder satt. Auch Hirse, Fleisch, Milch und sogar Bier können sie in den vielen Fischerdörfern erwerben. Eine

> **Wir erreichten das Ufer des Njassa. Mir schien, als ob ich in eine alte Heimat zurückkehrte, die ich nicht wiederzusehen gehofft hatte; und welches Vergnügen war es, sich in dem köstlichen Wasser zu baden!**
> David Livingstone in seinem Tagebuch, 8. August 1866

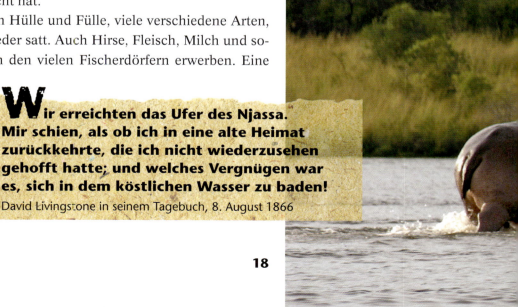

Vielzahl von Tieren findet am Njassa-See gute Lebensbedingungen. Es wimmelt von Büffeln, Elefanten und Antilopen. Leoparden durchstreifen das Ufer des Sees und machen fette Beute. Riesige Flusspferdfamilien tummeln sich im Wasser, manchmal sieht man 100 Tiere auf einem Fleck. Eigentlich würde Livingstone gerne mit Booten über den See setzen, aber da ihm die arabischen Händler, die für ihre Sklaventransporte als Einzige Boote von ausreichender Größe besitzen, aus dem Weg gehen, kann er kein Boot auftreiben. Der Karawane bleibt nichts anderes übrig, als weiter zu Fuß zu gehen. So marschieren sie am Westufer des Njassa-Sees nordwärts.

Dann kündigen sich neue Gefahren an. Es ist der 26. September 1866. Ein halbes Jahr ist vergangen, seit Livingstone an der Ruwuma-Mündung seine Wanderung begann. Sie treffen auf einen restlos erschöpften Araber, der ihnen von einem grausigen Gemetzel durch den Stamm der kriegerischen Masitu berichtet. 44 Männer seiner Karawane seien getötet worden, er sei der einzige Überlebende. Dem Mann steht die Todesangst noch ins Gesicht geschrieben. Livingstones Leuten, besonders den Trägern, die von der Johanna-Insel stammen, fährt der Schreck in die Glieder. Sie weigern sich, auch nur einen Schritt weiterzugehen.

Und das Nächste, was die Weltöffentlichkeit dann erfährt, ist, dass Livingstone tot sei, erschlagen von den Masitu, brutal niedergemetzelt während eines hinterhältigen Angriffs. Es sind die Männer von der Johanna-Insel, die, zurückgekehrt nach Sansibar, dem britischen Konsul die traurige Nachricht überbringen. Sie berichten, sie hätten noch am Abend des blutigen Angriffs die Leiche des Forschers begraben. In seinem Nacken habe er eine klaffende Wun-

Nilpferde können bis zu 3200 Kilogramm wiegen. Dennoch sind sie sehr schnell – sie schaffen bis zu 48 Stundenkilometer.

de gehabt, die von einer Axt stamme. Die Johanna-Leute verlangen vom britischen Konsulat den Lohn, den Livingstone ihnen nicht mehr auszahlen konnte. Alle ausländischen Schiffe im Hafen von Sansibar zeigen Trauerbeflaggung.

In der Londoner *Times* erscheint ein Nachruf auf den, wie es heißt, „furchtlosesten und vortrefflichsten Entdecker, den es je gab".

Links: Jungen von der Volksgruppe der Dinka. Sie reiben sich mit Asche ein, um sich vor den aggressiven Stechmücken im Sumpfland zu schützen.

Menschen in Afrika

Afrika ist ein Land mit einer großen kulturellen Vielfalt und vielen verschiedenen Bevölkerungsgruppen. Heute leben auf dem Kontinent mehr als 850 Millionen Menschen in über 50 Staaten. Es gibt mehrere hundert ethnische Gruppen und ebenso viele verschiedene Sprachen und Dialekte; allein südlich der Sahara werden zwischen 1200 und 2000 verschiedene Sprachen gesprochen. Zur Zeit Livingstones war die Vielfalt noch weit größer. Die meisten Afrikaner beherrschen neben ihrer Muttersprache mindestens noch eine weitere Sprache.

Unten: Sudanesische Mädchen. Im Sudan leben Angehörige von 597 Volksgruppen. Sie sprechen 134 Sprachen.

Livingstone tot? Nie und nimmer! Ein Mann namens Edward Young hat Livingstone auf dessen Reise entlang des Sambesi-Flusses begleitet. Er mag nicht an Livingstones Tod glauben. Er kennt die Männer von der Johanna-Insel, die Livingstone auch auf der letzten Reise als Träger gedient haben, persönlich und weiß, dass sie es mit der Wahrheit nicht allzu genau nehmen. Und er kennt Livingstone. Der ist zäh. Den bringt man nicht so leicht um. Young begibt sich im August 1867, fast ein Jahr nachdem die Männer von der Johanna-Insel Livingstone begraben haben wollen, mit einer Suchexpedition unter größten Mühen an den Njassa-See und befragt dort die Einheimischen. Und tatsächlich: Man zeigt ihm Gegenstände, die Livingstone erst kürzlich gegen Lebensmittel eingetauscht hat: sein Gebetbuch, sein Rasiermesser, einen Löffel. Alles deutet darauf hin, dass Livingstone noch lebt, nur wohin er gegangen ist, kann keiner sagen. Young erfährt, dass die Gegend nördlich des Njassa-Sees von den Masitu verwüstet wurde. Die Dörfer verbrannt, die Menschen erschlagen. Das ist genau das Gebiet, in dem Livingstone zuletzt gesehen wurde. Edward Young wagt es nicht, Livingstone dorthin zu folgen, er beschließt umzukehren. In England zeigt er den Männern der Royal Geographical Society seine Beweise. Livingstone ist nicht tot, er ist verschollen, hofft man von da an in England. Verschluckt von den Urwäldern eines Gebietes, von dem keine Landkarte existiert. Höchstwahrscheinlich leidet er große Not – sonst hätte er sein Gebetbuch nicht für eine Handvoll Essen hergegeben.

Irgendwann zwischen Ende Juli und September soll Dr. Livingstone westlich von Njassa von einer Masitenbande angegriffen und zusammen mit der Hälfte seiner Begleiter ermordet worden sein ...
Bericht in der Londoner *Times*, 7. März 1867

Die Royal Geographical Society treibt die Erforschung Afrikas voran. Neben Forschergeist spielen dabei auch wirtschaftliche Interessen eine Rolle.

3 Im Rennboot auf dem Nil

>>> **Der Nil und der Ort seiner Quelle** üben auch auf Abenteurer von heute eine unwiderstehliche, fast magische Anziehungskraft aus. Vielleicht liegt das daran, dass es auch heute noch ein echtes Abenteuer ist, dort zu reisen. Gefährlich und unberechenbar.

„Unmöglich!", ist dann auch die erste Reaktion des Engländers Neil McGrigor, als ihm sein neuseeländischer Freund Cam McLeay vorschlägt, gemeinsam mit einem weiteren Freund aus Neuseeland den Nil von seiner Mündung im Mittelmeer bis zu seiner Quelle in den Bergen Ruandas mit Booten zu befahren. Eine Strecke von mehr als 6600 Kilometern. Durch sechs verschiedene afrikanische Länder, in denen unsichere Verhältnisse herrschen: Hunger, Dürre, Bürgerkrieg.

Neil McGrigor liebt Aktionen, die es in sich haben. In den letzten Jahren hat er auf spektakulären Expeditionen gezeigt, dass er dazu in der Lage ist, Unmögliches möglich zu machen. Etwa als er im Jahr 2003 bei seiner Umrundung Großbritanniens in einem aufblasbaren Boot alle Rekorde brach oder als er im Jahr 1997 an einem Seil 168 Meter tief in die sagenumwobene Majlis-Al-Jinn-Höhle in Oman hinunterkletterte, um sie zu erforschen. Und wäh-

Steckbrief Neil McGrigor

Neil McGrigor wird am 13. August 1961 in Kenia, Afrika, geboren. Er lebt heute mit seiner Familie in England. Schon als Kind begeistert er sich für Boote – und für gefährliche Abenteuer. **1997** Erforschung der zweitgrößten Höhle der Welt, der Majlis-Al-Jinn-Höhle in Oman | **1998** Atlantiküberquerung im Segelboot in elf Tagen und 14 Stunden | **2003** Umrundung von Großbritannien in einem Rennboot in der Rekordzeit von 33 Stunden | **2005–2006** Expedition zu den Quellen des Nil. Mit im Team: die beiden Neuseeländer Cam McLeay und Garth McIntyre

Neil McGrigor bei der Planung der Expedition

Es inspiriert mich, über ein Problem nachzudenken und eine perfekte Lösung dafür zu finden. Das finde ich ausgesprochen spannend.
Neil McGrigor

rend er zu Cam noch „Völlig ausgeschlossen!" sagt, fängt es bereits an, in Neil zu arbeiten.

Der Nil ist die ultimative Herausforderung, erkennt er mit Blick auf die Satellitenaufnahmen des großen Stroms, und die Sache fängt an, ihn zu reizen. Mit Zap Cats könnte es funktionieren, stromaufwärts zu fahren. Zap Cats sind ausgesprochen kraftvolle Motorrennboote auf zwei Kufen. Sie sind aufblasbar und daher sehr leicht. Aber wie sollen sie ihr Gepäck über die Murchison-Fälle transportieren, wo das Wasser mit unvorstellbarer Wucht 40 Meter in die Tiefe stürzt? Mit den Booten können sie die Fälle natürlich nicht befahren. Wie sollen sie dieses Hindernis überwinden?

Schließlich kommt Neil auf die Lösung für dieses Problem, und da weiß er, er wird die Expedition machen. Die Lösung heißt FIB, *Flying Inflatable Boat* auf Englisch, kurz: ein Flugboot. Er findet eine italienische Firma, die solche Boote herstellt, erwirbt in Schweden die Fluglizenz und übt dann in zahllosen Flugstunden, über dem Wasser zu fliegen, um Erfahrung damit zu sammeln. Er ist gespannt auf seinen ersten Flug in Afrika. Wird alles so funktionieren, wie er sich das vorstellt?

Bevor es losgehen kann, müssen die drei Abenteurer jedoch erst mal Sponsoren für die aufwendige und teure Expedition finden. Es

 Der Nil

Der Nil ist mit 6671 Kilometern (derzeit offizielle Länge) der längste Fluss der Welt. Sechs Monate braucht das Wasser von der Quelle bis zur Mündung im Mittelmeer nördlich von Kairo, Ägypten. Als Victoria-Nil verlässt er den Victoria-See, der schon 1858 von Speke entdeckt wurde, fließt als Bergnil, dann als Weißer Nil nordwärts und vereinigt sich bei Khartoum (Sudan) mit dem Blauen Nil. Auf den letzten 2700 Kilometern bis zum Mündungsdelta nimmt er keine Nebenflüsse mehr auf. Im Verlauf des Nil gibt es sechs Stromschnellen, sogenannte Katarakte, und mit dem Murchison-Fall in Uganda einen der größten Wasserfälle Afrikas. Der Nil ist für die Menschen der Länder, durch die er fliesst – außer Ägypten Sudan, Uganda, Tansania, Ruanda und Burundi –, eine wichtige Lebensader.

gelingt ihnen, die Royal Geographical Society von der Notwendigkeit einer erneuten Suche nach der Nilquelle zu überzeugen. Genau wie Livingstone werden auch sie von dieser ehrwürdigen Gesellschaft unterstützt. Sie gewinnen aber auch noch weitere Partner. Beispielsweise ein exklusives Lebensmittelgeschäft, das schon zu Livingstones Zeiten Expeditionen mit Nahrungsmitteln ausgestattet hat: Fortnum & Mason. Dieser Sponsor wird sie auf der gesamten Reise aus der Luft an bestimmten Punkten mit Lebensmittelpaketen versorgen. Zur Vorbereitung gehören aber auch noch tausend andere Dinge: Sie müssen die geeignete Ausrüstung auswählen, besorgen und testen, brauchen von den Ländern, durch die sie kommen werden, Einreisegenehmigungen, die medizinische Versorgung muss sichergestellt werden, sollte in der Wildnis einer von ihnen krank werden, Impfungen stehen an. Jede Expedition erfordert eine nüchterne Auseinandersetzung mit den Schwierigkeiten, die da auf einen zukommen. Neil kann ganz schön perfektionistisch sein – wild entschlossen stürzt er sich auf die komplizierte Aufgabe, die Expedition zu organisieren. Am Ende jagt ein Pressetermin den anderen – Journalisten fragen neugierig nach, ob eine Reise zu den Quellen des Nil denn auch heute noch etwas Neues zutage fördern kann. Die Zeit vor der Reise ist stressig und turbulent.

Als die Reise beginnt, muss das Team von Neil McGrigor – drei Männer mit drei Booten – erst mal Lehrgeld bezahlen. Die Zap Cats reagieren auf die kleinste Bewegung. Wenn man zu scharfe Kurven fährt, dann fliegt man raus, man wird regelrecht aus dem Boot geschleudert. Obwohl alle drei exzellente Bootsführer sind, landen sie an einem der ersten Tage gleich fünf Mal im Wasser.

Aber mit der Zeit werden sie erfahrener, und es passieren kaum noch Unfälle. Nur in den berüchtigten Stromschnellen im Sudan finden sie sich hin und wieder doch noch mal zwischen scharfkantigen Felsklippen und gefährlichen Strudeln im wirbelnden Wasser wieder. Die Katarakte sind dort so unberechenbar und wild, dass sich die Boote überschlagen und mit den Kufen zuoberst auf dem Strom landen.

Gefahr droht nicht nur durch den zuweilen tückischen Flussverlauf, sondern auch durch die Krokodile, die ihnen stets und stän-

> **V**iele Expeditionen brechen auseinander, weil unterschiedliche Charaktere aufeinanderprallen. Aber wir haben uns auf geniale Weise ergänzt.
> Neil McGrigor

Neil, Cam und Garth feiern die Entdeckung und „Erstbesteigung" von verlassenen Ruinen, die sie durch Zufall im Sudan entdeckten.

Ausrüstung der Abenteurer

Hier einige wichtige Ausrüstungsgegenstände: drei Zap Cats, ein Flugboot, GPS (satellitengesteuertes Navigationssystem), Karten, Satellitentelefon, Handy mit Solarladegerät, drei Nachtsichtgeräte, Schlafsäcke, Moskitonetze, Ferngläser, Zelte, Trockennahrung, Trinkwasser, Kraftstoff für die Boote, eine Lötlampe mit Schweißgerät, Werkzeug, eine Angelausrüstung, Erste-Hilfe-Kasten

dig begegnen. Krokodile greifen sofort an, wenn man ihnen zu nahe kommt. Sie verteidigen ihr Revier. Wenn man in einem aufblasbaren Boot einem Krokodil begegnet, gibt man am besten sofort Gas. Mit ihren Zap Cats kommen sie meist locker aus der Gefahrenzone. Nur ein einziges Mal, als ein riesiges Krokodil direkt vor Cam aus dem Wasser auftaucht, wird es brenzlig. Das Krokodil geht sofort zum Angriff über, und Cam schafft es nicht mehr, rechts oder links auszuweichen. Im Bruchteil einer Sekunde entscheidet er sich, einfach über das Tier hinwegzufahren. Das Krokodil will gerade zuschnappen, als Cam beschleunigt und über den Kopf des Tieres davonprescht. Gerade noch mal davon gekommen! Das war knapp!

Erste Testfahrt mit dem Flugboot in Murchison, Uganda. „Ausgesprochen schwierig und gefährlich", erinnert sich Neil McGrigor.

Entlang des Äquators wird es zwischen halb sieben und sieben Uhr abends bereits dunkel. Erst am nächsten Morgen zwischen sechs und halb sieben wird es wieder hell. Man hat zwölf Stunden Dunkelheit und zwölf Stunden Tageslicht. Sobald es abends um sechs Uhr dämmert, verziehen sich die Männer zum Schlafen in ihre Zelte. Sie müssen sich ohnehin in den Zelten aufhalten, weil sie sonst von den Moskitos aufgefressen würden. Auf diese Weise bekommen sie viel Schlaf. Aber den brauchen sie auch. Die Expedition ist ausgesprochen anstrengend und verlangt ihnen viel ab. Sie stecken die Strapazen jedoch gut weg. Sie sind gut vorbereitet. Alle drei sind Sportler und ständig im Training. Vor dieser Expedition haben sie besonders hart trainiert. Joggen, Radfahren, Krafttraining.

Der Engländer Neil McGrigor weiß, er kann sich auf die beiden Neuseeländer Cam McLeay and Garth MacIntyre, die Kiwis, wie er sie nennt, verlassen. Sie werden die Expedition gemeinsam bis zum Ende durchziehen, egal was für Schwierigkeiten auf sie zukommen, egal wie anstrengend es wird. Sie kennen sich schon lange, sie verstehen sich blendend, alle drei haben längere Zeit in Afri-

Mit einem Hubschrauber werden die Männer in ihren Zap Cats insgesamt sechs Mal über besonders gefährliche Stromschnellen gehievt.

> **W**enn man körperlich fit ist, dann ist man auch geistig – mental – fit. Und wenn man mental fit ist, dann ist man aufmerksam und kann Schwierigkeiten viel leichter überwinden. Wir mussten also sehr fit sein.
>
> Neil McGrigor

Karten, Kompass, GPS

Reisende wie Livingstone mussten unbekannte Gebiete meist zu Fuß erkunden und konnten sich nur mithilfe von Kompass, Sonnenstand und Messinstrumenten wie dem Quadranten, den auch Seefahrer benutzen, orientieren. Genauere Karten lagen von den unbekannten Gebieten natürlich noch gar nicht vor. Heutige Abenteurer können dagegen auf moderne Technik wie GPS (= Globales Positionierungs-System) zurückgreifen. Damit kann mithilfe von Satellitendaten an jedem Ort, zu jeder Zeit und bei jedem Wetter die eigene Position exakt bestimmt werden.

ka gelebt und lieben den Kontinent und seine Menschen.

Zur Vorbereitung auf die Expedition hat Neil McGrigor sämtliches Kartenmaterial studiert, das es vom Nil und von seinem Quellgebiet gibt, und mit Satellitenbildern des riesigen Stromes verglichen. Dabei ist er mehr als einmal stutzig geworden – die Karten stimmen nicht mit dem überein, was er auf den Satellitenbildern sieht.

„Wenn ich aber zu dem Zeitpunkt gesagt hätte: ‚Die Quelle, die die Leute für die Nilquelle halten, ist die falsche. Die eigentliche Nilquelle liegt weiter oben in den Bergen. Außerdem glaube ich, dass man die Länge des Nil falsch berechnet hat' – dann wäre ich bestimmt ausgelacht worden. Darum musste ich mich an Ort und Stelle umsehen", sagt Neil McGrigor rückblickend und versucht, damit eine Erklärung zu geben, warum er auch später nicht von diesem Plan abließ, als sein Leben in Gefahr geriet.

Aber zu Beginn der Reise läuft es besser als erwartet. Die drei Männer genießen die Expedition in vollen Zügen. Bei durchschnittlich 40 Stundenkilometern Fahrgeschwindigkeit verschafft ihnen der Fahrtwind eine angenehme Kühlung. Die Gluthitze Afrikas ist auf diese Weise gut auszuhalten. Jede Biegung des Flusses eröffnet eine neue Herausforderung, einen neuen Blick, neue Geräusche und neue Menschen. „Es gab nicht einen langweiligen Moment", sagt Neil, „es war einfach nur toll."

Während der Fahrt stromaufwärts gehen sie einmal am Tag an Land, um die Boote aufzutanken. Wenn sie mit ihren Rennbooten

Nilkrokodile können bis zu zehn Meter lang werden und ein Alter von 100 Jahren erreichen. Als Beute kommt für sie alles in Frage, was sich im Wasser oder am Ufer aufhält und nicht schnell genug entwischen kann.

angeschossen kommen, verhalten sich manche Kinder so, als wären sie Außerirdische. Erschrocken springen sie aus ihren Einbäumen, lassen die Boote herrenlos auf dem Wasser zurück und schwimmen, so schnell es geht, an Land. In Windeseile kommt es dann zu gewaltigen Menschenaufläufen am Ufer. Ruckzuck stehen bis zu 1000 Einheimische am Ufer, und alle reden aufgeregt durcheinander. Es ist wie auf einer Party. Die Leute gehen einfach nicht mehr nach Hause. Sie bleiben bis tief in die Nacht, scharen sich um die Abenteurer und ihre Boote und versuchen zu begreifen, was die weißen Männer hierher gebracht haben könnte. Die Begegnungen sind fröhlich, es wird viel gelacht. Das Expeditionsteam schenkt den Leuten, was sie an Lebensmitteln entbehren können.

Das Team ist prima aufeinander eingespielt. Die Stimmung ist gut. Sehr gut sogar. Das ändert sich nicht einmal, als sie in die berüchtigten Sümpfe des Sudan einfahren, in das große Hindernis, den Sudd. Die Moskitos machen hier den Eindruck, als hätten sie auf Neil und die Kiwis bereits gewartet. Blutrünstig stürzen sie sich auf die Abenteurer. Mit Moskitonetzen schützen sich die Männer vor den Stechmücken, aber immer wieder gelingt es einem der Biester, durch das Netz zu kommen. „Oft wurden wir bei leben-

> **? Der Sudd**
> Der Sudd, das größte Überflutungsgebiet der Welt, ist bis zu 600 Kilometer lang und 100 000 Quadratkilometer groß. Etwa eine Million Angehörige der Dinka und der Nuer hüten im Sumpfland ihre riesigen Viehherden. Die Sümpfe sind Lebensraum zahlloser Tiere, bisher hat man über 400 Vogelarten und 90 Säugetierarten gezählt. Und außerdem hat man über 60 verschiedene Zecken- und Stechmückenarten bestimmen können! Sicherlich gibt es aber noch viel mehr.

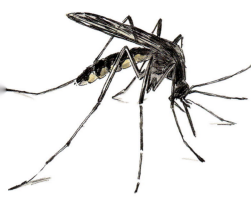

Viele Moskitoarten sind deswegen so gefährlich, weil sie lebensbedrohliche Krankheitserreger übertragen.

Unten: Tankstopp in Malaka im Sudan. Sobald das Team am Ufer festmacht, finden sich viele Schaulustige ein.

Links: Neil McGrigor bei einem Trainingsflug mit Cam. Während der Expedition mussten die Kiwis die Boote stromaufwärts steuern, während Neil im Flugboot die Ausrüstung transportierte.

digem Leib nahezu aufgefressen", sagt Neil mit schiefem Grinsen. „Das war ganz schön gemein."

Aber auch den Sudd durchfahren sie unbeschadet. Dank der Satellitenbilder finden sie zielsicher die wenigen passierbaren Kanäle des Sumpfes. Frühere Reisende verirrten sich in dem schier endlosen Irrgarten aus undurchdringlichen Papyrusstauden und labyrinthartigen Wasserkanälen. Doch das Team um Neil McGrigor kommt schneller voran als erwartet.

Und dann kommt der Tag, an dem sich zeigen muss, ob das Flugboot hält, was sich Neil von ihm versprochen hat. Beim Flug über die Murchison-Wasserfälle geht es um alles oder nichts. Sein ganzes Können als Pilot ist gefordert. Die heiße Luft, die vom Land hochströmt, schafft unberechenbare Flugbedingungen. Nur zwischen sechs und halb acht Uhr morgens sind die Luftverhältnisse über dem Nil einigermaßen stabil. Wenn man am späteren Vormittag fliegt, ist die Erde glühend heiß, was starke Aufwinde zur Folge hat und mit der kühleren Luft über dem Fluss unberechenbare Turbulenzen verursacht – man spielt bei solch schwierigen Flugbedingungen mit seinem Leben.

Die Murchison-Wasserfälle wurden nach Sir Roderick Murchison, dem langjährigen Präsidenten der Royal Geographical Society, benannt. Dem Mann, der vor etwa 150 Jahren Livingstone auf die Nil-Expedition geschickt hat. Das Wasser stürzt mit ungeheurem Getöse die Felsen hinunter. Neil denkt beim Fliegen nie daran, was alles schiefgehen kann. Auch an diesem Tag wirft er entschlossen den Motor seines Flugbootes an und nimmt auf dem Wasser volle Fahrt auf. Jetzt darf ihm kein Fehler unterlaufen! Das Flugboot hebt ab, er ist in der Luft, alles läuft wie am Schnürchen, er ist über den Wasserfall hinweggeflogen, die Kiwis juchzen vor Begeisterung. Neil hat es geschafft. Insgesamt 16 Mal überfliegt er die Fälle, um das Expeditionsgepäck stromaufwärts zu bringen.

Nichts, aber auch gar nichts deutet darauf hin, dass sie auf dieser Reise ernsthafte Probleme bekommen könnten. Zum ersten Mal herrscht in allen fünf afrikanischen Ländern, durch die sie ihre Expedition führt, Friede oder zumindest Waffenruhe. Dieses offene Zeitfenster, bevor es, was voraussehbar ist, zum nächsten bewaffneten Konflikt in einem der Länder kommt, wollen sie nutzen. Die gesamte Länge des Nil befahren, von der Mündung bis zur Quelle.

Und dann geht völlig unerwartet so ziemlich alles schief, was schiefgehen kann.

4 Der Rebellenangriff

>>> **Es ist der 53. Tag der Reise.** Das Team von Neil McGrigor befindet sich zu diesem Zeitpunkt in Uganda, noch immer ganz in der Nähe der Murchison-Wasserfälle im Murchison-Falls-Nationalpark. Vor ihnen liegt ein gefährliches Wegstück mit besonders heimtückischen Stromschnellen, die dicht aufeinander folgen. Sie beschließen, dass Neil mit der ganzen technischen Ausrüstung, den Laptops beispielsweise, vorausfliegt und an einer genau bezeichneten Stelle auf die beiden anderen wartet. Neil ist der Einzige im Team, der fliegen kann. Als die beiden Kiwis nach drei Stunden immer noch nicht nachgekommen sind – eigentlich hätten sie nicht länger als eine halbe Stunde für die Strecke brauchen dürfen –, macht Neil sich mit dem Flieger auf die Suche nach ihnen. Er findet sie auf einem Felsen in der Mitte einer Stromschnelle, und es ist offensichtlich, dass sie Probleme mit ihren Booten haben. Neil kann an dieser Stelle nicht mit seinem Flugboot landen. Der Fluss wimmelt von Krokodilen und Flusspferden. Er versucht, den beiden Neuseeländern mit Zeichen klarzumachen, dass sie ihm über Funk erklären, was los ist und wie lange es dauern wird, bis sie die Boote wieder klarhaben. Aber Cam und Garth verstehen nicht, was er von ihnen möchte. Sie beschäftigen sich weiter mit ihren Booten.

Stromschnellen unterhalb der Rusumu-Fälle in Ruanda. „Wir wussten zuerst nicht, wie wir sie überwinden sollten", erinnert sich Neil.

„Im Murchison-Falls-Nationalpark mussten wir uns gehörig vor Nilpferden in Acht nehmen. Einer von uns hielt immer Wache", sagt Neil.

Neil fliegt noch einmal um sie herum und versucht erneut, die beiden dazu zu bringen, ihm deutlich zu machen, was los ist. Er fliegt sehr niedrig und gibt den Kiwis Handzeichen, dabei konzentriert er sich nicht richtig aufs Fliegen. Die Bäume vor ihm bemerkt er erst in letzter Sekunde. Er zieht den Flieger zwar noch hoch, aber zu spät: Sein linker Flügel streift einen Ast, das Flugboot überschlägt sich und kracht kopfüber auf eine Sandbank. Zum Glück sind die Neuseeländer gleich an der Unfallstelle.

Neil ist verletzt. Er blutet, er hat Schnitte im Gesicht, er hat sich auch am Auspuffrohr verbrannt, und sein linkes Bein schmerzt wie verrückt. Zu diesem Zeitpunkt weiß er noch nicht, dass es gebrochen ist.

Hinzu kommt, dass das Flugzeug Schrott ist, die ganze Ausrüstung fünf Kilometer weiter stromaufwärts liegt und eines der Boote, das sich in der Stromschnelle überschlagen hatte, fahruntüchtig ist und aufwendig repariert werden muss. Die Teammitglieder denken nicht eine Sekunde daran, die Expedition abzubrechen, sie suchen

Das gebrochene Bein sollte uns nicht ausbremsen. Wir hatten nicht vor, deswegen aufzugeben.
Neil McGrigor

Es ist erstaunlich, zu was du in der Lage bist, wenn du keine andere Möglichkeit hast. Entweder du tust, was sie sagen, oder du bist tot. Meine Verletzung schien sich in Luft aufgelöst zu haben.
Neil McGrigor

nach Lösungen. Eines steht fest: Jetzt brauchen sie Hilfe von außen. Die einzige Möglichkeit, das Stück mit den gefährlichen Stromschnellen zu passieren, ist der Landweg. Ein Auto muss her. Cam McLeay hat einen Bekannten, Steve Willis, der in der Nähe ein Hotel für Rucksackreisende betreibt. Den ruft er an, und der kommt mit afrikanischen Helfern, um die Männer, ihre Boote und ihre Ausrüstung stromaufwärts zu befördern, dorthin, wo der Fluss wieder ruhiger fließt. Während die Afrikaner noch alles auf Autos verladen, fährt das Team mit Steve Willis schon mal los. Steve erwähnt, dass es in der letzten Zeit in diesem Gebiet öfter mal Probleme mit Rebellen gegeben hätte. Klar weiß Neil McGrigor, dass in Uganda der Bürgerkrieg trotz vereinbarter Waffenruhe immer wieder neu aufflackert. Rebellen wollen die Regierung stürzen und haben eine ganze Armee aufgestellt, um selbst an die Macht zu kommen. Sie überziehen das Land mit Schrecken und Terror. Aber normalerweise halten sie sich nicht im Murchison-Falls-Nationalpark auf. Neil fragt deshalb erstaunt nach: Probleme mit Rebellen? Was meint Steve damit? Was genau geschieht, wenn Rebellen angreifen? Und bevor er antworten kann, passiert es auch schon.

Ein Mann in Tarnkleidung und mit einer Maschinenpistole versperrt die Straße und fängt an, auf den Wagen zu feuern. Die Männer werfen sich blitzartig auf den Boden. Der Landrover schlingert

Einheimische verladen die Boote. Der Transport um die gefährlichen Stromschnellen des Murchison-Falls-Nationalparks muss nach dem Unfall über Land erfolgen.

 Rebellen in Uganda

Die Rebellenarmee Ugandas, die „Lord's Resistance Army" (LRA), unter ihrem Anführer Joseph Kony kämpft angeblich dafür, in Uganda einen „Gottesstaat" zu errichten. Dabei verbreitet sie bewusst Angst und Schrecken. Über 100 000 Morde sollen die Rebellen begangen haben. Besonders schrecklich ist, dass die Rebellen auch Kinder aus den Dörfern entführen und diese dazu zwingen, als Kindersoldaten andere Menschen zu töten. Kinderhilfswerke wie Unicef, das Kinderhilfswerk der Vereinten Nationen, versuchen, dagegen anzugehen.

über den unebenen Grund, während er von Maschinengewehrsalven durchsiebt wird.

Die Kugeln kommen von zwei Seiten. Der Landrover kracht gegen einen Baum. Sie müssen raus, bevor die Rebellen die Unfallstelle erreichen. Alle fliehen ins Unterholz. Auch Neil will weglaufen, aber als er seinen Fuß mit dem gebrochenen Bein auf den Boden setzt, um loszusprinten, bricht er zusammen. So gut er kann, kriecht er auf allen vieren weg vom Auto. In zehn Metern Entfernung legt er sich flach auf den Boden und rührt sich nicht mehr. Vielleicht sehen sie ihn ja nicht, hofft er. Aber es dauert nicht mal eine Minute, dann haben sie ihn entdeckt. Neil setzt sich auf und hebt die Arme hoch. Sie zerren ihn zum Landrover, und er muss ihnen helfen, den Wagen zu plündern.

Sie fragen nach Waffen. Neil sagt: „Wir haben keine." Das Team hat bewusst keine mitgenommen. Sie sind zu ungeübt im Umgang mit Schusswaffen. Im Ernstfall würden sie mit Sicherheit den Kürzeren ziehen.

Die Rebellen wollen Geld, und Neil gibt es ihnen. Sie verlangen, dass er ihnen sein Satellitentelefon aushändigt, aber er kann es nicht finden. Es ist in dem Chaos verlorengegangen. Die Typen sind auch an Kleidungsstücken interessiert. Der eine zieht an Neils Hose. Sein Hemd hat er ihnen bereits geben müssen. Er zeigt auf die Taschen auf dem Dach des Landrovers, in denen sich die Klamotten

Ein Rebell der Lord's Resistance Army (LRA) in Uganda. Viele der Kämpfer werden schon als Kinder gezwungen, sich der brutalen Rebellenarmee anzuschließen.

des Teams befinden. Da zwingen sie ihn hochzuklettern. Unter all dem Stress vergisst er völlig, dass sein Bein gebrochen ist.

Auf dem Dach des Wagens stellt Neil McGrigor fest, dass alle Taschen und die ganze Ausrüstung mit zahllosen Seilen festgezurrt sind, alles 1000-mal verknotet. Keine Chance, schnell an die Sachen heranzukommen! Er bräuchte ein Messer. Also wendet er sich an den Jungen mit der Maschinenpistole und sagt sehr bestimmt: „Knife, knife!" Er weiß, wenn er die Taschen nicht schnell genug losbekommt, dann ist er tot. Der Jugendliche wirft ihm tatsächlich ein Messer aufs Dach, und Neil durchschneidet die verknoteten Stricke, so schnell er kann. Er ergreift die Taschen, reißt sie auf und lässt alles, was drin ist, vom Dach des Landrovers auf den Boden regnen. Die Rebellen suchen sich aus, was sie haben wollen. Neil wirft dem einen Jugendlichen wieder das Messer zu. Während er vom Dach herunterklettert, stopft einer der Rebellen auf der Fahrerseite trockenes Gras in den Landrover. Sie zwingen Neil, sich direkt neben dem Wagen hinzuknien. Er glaubt, dass er jetzt erschossen werden soll. Aber dann setzen die Rebellen nur das trockene Gras, das

Überall, auch in Uganda, finden die Abenteurer schnell Kontakt zu den neugierigen, fröhlichen afrikanischen Kindern. Trotz schwieriger Lebensumstände und der ständigen Bedrohung durch die Rebellenarmee sprudeln sie geradezu über vor Lebensfreude.

> **Krisengebiete in Afrika**
>
> Afrika ist der Kontinent mit den meisten gewaltsamen Konflikten der Welt, vor allem die Länder südlich der Sahara sind immer wieder Schauplatz schrecklicher Bürgerkriege und Kriege der Staaten untereinander. Die Gründe hierfür sind kompliziert und in der Geschichte Afrikas begründet. Lange Jahre waren die afrikanischen Länder Kolonien, das heißt im Besitz europäischer Staaten (siehe Kasten Kolonialismus). Seit die Länder unabhängig sind – die meisten wurden es im Laufe der 1960er-Jahre –, gibt es in vielen Ländern immer wieder Auseinandersetzungen darüber, wer die Macht im Land hat. Bei über 3000 afrikanischen Bevölkerungsgruppen, die zumeist innerhalb von Grenzen leben, die willkürlich durch die damaligen europäischen Machthaber gezogen wurden – feste Grenzen waren in Afrika vor dem Kolonialismus unbekannt –, ist es nicht einfach, zu demokratischen Strukturen zu finden und Konflikte friedlich zu lösen.

sie in den Wagen gestopft haben, in Brand und preschen mit ihren Fahrzeugen davon. So schnell er kann, steht Neil auf, der Fahrersitz brennt bereits. Auf dem Dach sind das ganze Verbandszeug und die Medikamente der Expedition verstaut. Neil hat auf der Rückbank des Autos Blut entdeckt, viel Blut. Einer von seinen Leuten ist von einer Kugel erwischt worden. Neil muss irgendwie den Verbandskasten herunterholen und nach dem Verletzten suchen. Aber dazu muss er zunächst den Brand löschen. Er versucht, das brennende Gras mit bloßen Händen aus dem Landrover rauszufegen. Es gelingt ihm, auch wenn er sich dabei die Hände versengt. Aber dann steht der trockene Boden um das Auto herum in Flammen. Neil ist verzweifelt. Trockenes afrikanisches Gras brennt wie Zunder. Er trampelt wie ein Verrückter auf den brennenden Grasbüscheln herum, findet eine Decke, mit der er das Feuer ausschlägt.

Neil entdeckt auf der Hinterbank des Landrovers sein Satellitentelefon wieder und ruft Hilfe herbei, dann schnappt er sich das Verbandszeug und macht sich auf die Suche nach Verletzten.

Am Abend dieses schrecklichen Tages ist das Team wieder vereint. Garth MacIntyre war von einer Kugel am Kopf getroffen worden. Zum Glück nur ein Streifschuss, doch er hat viel Blut verloren. McLeay war auf der Suche nach Hilfe durch den Busch gerannt. 25 Kilometer! Barfuß! Gerannt und gerannt, nicht in der Lage anzuhalten. Vier Stunden suchen die Helfer nach ihm, bis sie ihn endlich finden.

Sie erfahren, dass Steve Willis, der Mann, der ihnen helfen wollte, das Gepäck stromaufwärts zu bringen, bei dem Angriff ums Leben kam. Da geht nichts mehr. Sie überbringen die traurige Nachricht Steve Willis' Familie und bleiben bis zur Trauerfeier. Ihre Expedition, die Suche nach der Quelle des Nil sind völlig nebensächlich geworden. Danach kehren sie in ihre Heimat zurück. Es fällt ihnen schwer zu verstehen, warum die Rebellen anderen Menschen so viel Leid antun. Das Morden kommt ihnen so sinnlos vor.

„Armes versklavtes Afrika. Wann werden deine blutenden Wunden geheilt?", das sagte bereits Livingstone vor 130 Jahren angesichts der Gewalt, die er in Afrika erlebte.

Wenn ich an Steve Willis denke, werde ich unglaublich traurig.
Neil McGrigor

5 Das Telegramm

>>> **Kehren wir an den Punkt** der Geschichte zurück, als sich der Vorhang hinter Livingstone schließt und er für die Öffentlichkeit von der Bildfläche verschwindet. Als man nicht weiß, ob er tot ist oder nur verschollen. Als Zeitungen überall auf der Welt darüber rätseln, was ihm widerfahren sein könnte, und die Gerüchte sich überschlagen. Zurück ins Jahr 1869.

Madrid, 16. Oktober 1869. Der amerikanische Kriegsberichterstatter und Reisejournalist Henry Morton Stanley erhält ein Telegramm von James Gordon Bennett junior, dem Herausgeber der amerikanischen Zeitung *New York Herald*. Der Zeitungsmacher bittet ihn, augenblicklich nach Paris zu kommen.

Das klingt nach einem vielversprechenden Auftrag. Der 28-jährige Journalist macht sich unverzüglich auf die Reise, erreicht Paris schon in der folgenden Nacht, begibt sich ins Grand Hotel und klopft an die Tür des mächtigen Zeitungsbosses, der bereits im Bett liegt.

Die feierliche Eröffnung des Suezkanals am 17. November 1869, über die Stanley als Reporter des *New York Herald* berichtet

> **Steckbrief Henry Morton Stanley**
>
> Henry Morton Stanley wird am 28. Januar 1841 unter dem Namen John Rowlands in Wales geboren. Er wächst in einer Pflegefamilie und im Armenhaus auf, da seine Mutter sich nicht um ihn kümmert. Mit 17 Jahren fährt er zur See und kommt nach Amerika, wo er im Bürgerkrieg kämpft. Schließlich wird er Journalist und macht sich als Kriegsberichterstatter einen Namen. **1871** Stanley erhält den Auftrag, den als verschollen geltenden Livingstone zu suchen. | **1874–1877** Expedition zur Erforschung der Nilquellen. Er durchquert Afrika von Osten über den Victoria-See bis zur Kongomündung an der Westküste. | **1879–1884** Stanley hilft dem belgischen König Leopold II., eine Kolonie in Westafrika zu gründen: Belgisch-Kongo. Das Land wird rücksichtslos ausgebeutet, die einheimischen Afrikaner werden zu Sklavenarbeit in den Kautschukplantagen gezwungen. Stanley verliert dadurch die öffentliche Anerkennung, die er sich als Forscher erworben hat. **1904** Stanley stirbt in London.

James Gordon Bennett junior wirft sich einen Bademantel über und erteilt Stanley folgenden Auftrag:

„Finden Sie Livingstone! Wenn er am Leben ist, versuchen Sie, von ihm so viel wie möglich über seine Entdeckungen in Erfahrung zu bringen, und wenn er tot ist, versuchen Sie, aller möglichen Beweise für seinen Tod habhaft zu werden. Das ist alles. Gute Nacht, und Gott sei mit Ihnen."

Der Auftrag reizt Stanley. Er ist jung. Er ist unbekümmert. Er ist ehrgeizig. Seine Reisekasse ist durch den *New York Herald* prall gefüllt. Er kann ausgeben, so viel er will. Wenn es ihm tatsächlich gelingt, den weltberühmten Forscher zu finden, dann ist er ein gemachter Mann. Die Story wird er ganz groß rausbringen. Für alle Fälle besorgt er schon mal eine Flasche Champagner für die angestrebte Begegnung. Stanley hat keine Ahnung, wie man in Zentralafrika reist. Aber Sorgen bereitet ihm das nicht. Mit Volldampf stürzt er sich in das Abenteuer seines Lebens.

Bevor Stanley mit der Suche beginnen kann, muss er erst noch weitere Jobs erledigen: Er soll, wo er doch schon mal unterwegs ist, auf dem Weg nach Sansibar in Ägypten haltmachen und für den *New York Herald* über die Einweihung

> **Kommen Sie wegen einer dringenden Angelegenheit sofort nach Paris.**
>
> Telegramm von James Gordon Bennett junior an Henry Morton Stanley vom 16. Oktober 1869

des Suezkanals berichten. Außerdem soll er einen Führer über die touristischen Sehenswürdigkeiten Unterägyptens schreiben. Später kommt dann noch die Berichterstattung über den spanischen Bürgerkrieg dazu. Stanley erledigt die Aufträge, so schnell es geht.

Endlich ist es so weit: Der Journalist geht auf den Seychellen-Inseln an Bord eines amerikanischen Walfangschiffs und erreicht am 6. Januar 1871 Sansibar. Er hört sich um, was man an Tauschwaren in Zentralafrika dabeihaben sollte, und macht sich an den Einkauf von Perlen, Kattunstoffen und Messingdraht. Er erwirbt allein 7000 Meter Stoffe. Dazu kommen Kochgeräte, Zelte, 22 Esel mit Sattel und Zaumzeug, Handwerkszeug, Munition, Flinten, Messer und allerlei andere Waffen, Geschenke für die Häuptlinge, Medikamente, Beile, Boote, Seile und vieles andere mehr. Innerhalb von einem Monat hat er es geschafft, alles zusammenzustellen, was er für seine Reise braucht. Wenigstens sechs Tonnen Material, das er irgendwie durch die Wildnis transportieren muss. „Wird schon schiefgehen!", meint Stanley.

Er heuert eine ganze Armee afrikanischer Träger an und außerdem die beiden Weißen John William Shaw und William Farquhar – Seeleute, die es irgendwie nach Sansibar verschlagen hat, die dort seit Jahren festhängen und Stanley unterwürfig um einen Job anbetteln, um endlich aus der Hafenstadt fortzukommen.

Am 5. Februar 1871 lässt Henry Morton Stanley die größte Karawane, die Sansibar bis zu diesem Zeitpunkt je landeinwärts verlassen hat, in mehreren Segelbooten in den Ort Bagamojo auf dem Festland bringen. Es sind mittlerweile fast dreieinhalb Jahre vergangen, seit der Marinesoldat Young herausfand, dass Livingstone noch leben müsste.

Die Regenzeit steht bevor. Stanley will so schnell wie möglich aufbrechen. Eine Handelsstraße führt von Bagamojo nach Udschidschi am Tanganjika-See, wo Li-

Stanley ist ein guter Jäger. So oft wie möglich versorgt er seine Männer mit frischem Fleisch. Immer an seiner Seite: der Junge Kalulu, der ihm von einem Sklavenhändler geschenkt wurde.

Wirf nur alle Sorgen hinter dich, Mensch, und überlasse sie sich selbst! Jeder Tag hat genug an seinen eigenen Problemen, ohne dass er noch die des nächsten hinzuzunehmen braucht.

Henry Morton Stanley

Zum Schutz vor Räubern und kriegerischen Stämmen schließen sich oft mehrere Karawanen zu einer großen Karawane zusammen.

❓ Deserteure?

Weil die Karawanen extremen Strapazen ausgesetzt waren und die Träger von den Weißen, die sich den Schwarzen weit überlegen fühlten, oft miserabel behandelt wurden, liefen viele Träger einfach davon. Sie konnten keinen Sinn in den Aktivitäten der Forscher erkennen, denn oft wurde ihnen nicht einmal der Zweck der Reise erklärt. Sie sahen daher nicht ein, warum sie ihr Leben riskieren sollten. Prügelstrafen waren zu dieser Zeit nichts Ungewöhnliches, auch meuternde Soldaten und Matrosen wurden grausam verprügelt oder sogar mit dem Tod bestraft.

vingstone zuletzt gesehen wurde. 1100 Kilometer müssen zu Fuß zurückgelegt werden. Nach und nach setzen sich fünf Karawanen mit insgesamt 192 Menschen in Bewegung. Allen voran reitet Henry Stanley auf einem Grauschimmel.

Wo auch immer die Karawane haltmacht, können sich die Einheimischen nicht satt an ihm sehen. Oft stehen 1000 Afrikaner am Ufer und starren ihn mit offenem Mund an. Stanley ist großgewachsen, hat ein längliches Gesicht mit einem kecken Oberlippenbart. Er reist in einem khakifarbenen Anzug mit kniehohen Stiefeln und mit einem schmucken Tropenhelm.

Auch Stanley hat damit zu kämpfen, dass die Träger seiner Karawane nach einigen Wochen genug von den Strapazen haben, dass geklaut wird, was nicht niet- und nagelfest ist, und dass einige einfach das Weite suchen. Er schickt den Deserteuren bewaffnete Fänger hinterher und lässt sie gründlich auspeitschen, um sich Respekt zu verschaffen. Was sein muss, muss sein, meint er. Ihm wurde auch nie etwas geschenkt.

Genau wie Livingstone begegnen ihm auf seinem Weg Sklaventransporte. Doch im Gegensatz zu dem alten Afrikareisenden bekümmert ihn der Anblick der Gefangenen nicht weiter. Die Sklaverei abschaffen? Warum? Stanley sieht keine Notwendigkeit dafür. Er findet, dass die Sklaven allesamt einen fröhlichen Eindruck machen. Ihre Ketten sind zwar schwer und könnten gut und gerne Elefanten fesseln, aber da sie sonst nichts weiter tragen müssen, haben die „Eingeborenen" nach Stanleys Verständnis keinen Grund zur Klage. Als würde er die ermordeten Sklaven am Wegesrand gar nicht

wahrnehmen, als hätte er die entwürdigenden Verkaufsgespräche auf dem Sklavenmarkt in Sansibar nicht mit eigenen Augen gesehen, als hätte er noch nie gehört, dass sich Sklaven auf den Zuckerplantagen in der Karibik und auf den Baumwollfeldern Amerikas zu Tode schuften müssen.

Inzwischen hat die Regenzeit eingesetzt. Schauer, Nieselregen, Gewitter. Das schmatzende Geräusch der vielen Füße, die durch dicken Schlamm stapfen, wird zum ständigen Begleiter. 800 Meter in der Stunde, schneller kommen sie nicht voran. Zehn Stunden wird jeden Tag marschiert, jeder Träger muss 30 Kilogramm an Lasten tragen. Auch nachts hört der Regen nicht auf und durchnässt die erschöpften Männer bis auf die Haut.

Viele von ihnen werden krank. Ein heimtückisches Fieber geht um: Mukunguru. Auch Stanley wird davon befallen.

Links: Gelegentlich begegnen Stanley Sklavenkarawanen. Er hat kein Mitleid mit den gefangenen Afrikanern.

Rechts: Stanleys Expedition kämpft sich bis zu zehn Stunden täglich durch den Makata-Sumpf. Viele seiner Träger erkranken daraufhin am Fieber.

 Eingeborene

Zur Zeit Livingstones und Stanleys wurden die Einheimischen in Afrika als „Eingeborene" bezeichnet. Heute wird dieser Begriff nicht mehr verwendet, weil er einen Beigeschmack von Missachtung, Ausbeutung und Unterdrückung bekommen hat: Die Weißen fühlten sich den „Eingeborenen" überlegen und sahen häufig verächtlich auf sie herab.

Er leidet unter Wahnvorstellungen, rasenden Kopfschmerzen und furchtbarer Übelkeit und führt die Karawane dennoch unbeirrt weiter nach Westen, immerzu nach Westen. Er treibt seine vor Müdigkeit strauchelnden Männer mit großer Härte an. Dabei greift er gern zur Peitsche. Sie fangen an, ihn zu hassen, aber sie tun, was er von ihnen verlangt.

> **M**an hatte das Gefühl, augenblicklich von der Cholera befallen zu werden, wenn man sich die triefenden Wälder, das überschwemmte Land, die Unmengen faulender Bäume und Schilfrohrmassen, den angeschwollenen Fluss und den ewig weinenden Himmel auch nur ansah.
>
> Henry Morton Stanley

Eines Tages kreuzt eine mit 300 Stoßzähnen beladene Karawane seinen Weg. Sie wird angeführt von dem arabischen Händler Salim ben Raschid. Und dieser Mann hat zum ersten Mal handfeste Informationen über Livingstone. Am Tanganjika-See hat der Araber zwei Wochen in einer Hütte neben Livingstone gewohnt. Der Forscher soll sehr alt geworden sein, angeblich hat er einen langen grauen Bart. Ihm gehe es auch gesundheitlich nicht gut, er sei stark abgemagert. Er plane, in ein Land zu reisen, das Manjema heißt.

Bingo! Stanley ist dem alten Mann auf der Spur. Noch 1000 Kilometer Strecke. Doch noch steht ihnen eine weitere Strapaze bevor: Die Regenzeit geht mit sintflutartigem Dauerregen auf ihren Höhepunkt zu. Vor ihnen erstreckt sich das Makata-Tal, eine ausgedehnte Wildnis, in der sie auf tagelangen Märschen nur auf ein einziges Dorf stoßen. Normalerweise ist der Makata ein harmloser, zwölf Meter breiter Fluss, doch jetzt, zur Monsunzeit, verwandelt er die liebliche Waldlandschaft, durch die er sich schlängelt, in ein riesiges, mörderisches Sumpfgebiet.

Der Boden ist weich wie Kot und zäh wie Mörtel. Die Esel bleiben stecken. Sie müssen abgeladen und mit verzweifelter Mühe aus dem Morast gezogen werden. Der wütende Regen hat alle Brücken und Stege über den Makata weggerissen. Als er endlich einmal nachlässt, waten die Träger mit all ihrem Gepäck auf dem Kopf durch den reißenden Fluss. Kaum sind sie auf der anderen Seite angelangt, bricht erneut der Regen los, so als hätte der Himmel die Schleusen geöffnet, und durchnässt alles, sodass sie die Waren genauso gut durch den Fluss hätten treiben lassen können.

Die Tuchwaren, die sie mit sich schleppen, schimmeln, die Lebensmittel ebenso, die Werkzeuge und Waffen rosten. Wenn sich die Sonne für ein paar Stunden zeigt, versuchen sie, die Sachen zu trocknen. Das hält auf. Immer ungeduldiger treibt Stanley die Leute an. Es regnet und regnet. Stundenlang waten die Träger mit ihren Lasten durch eine schwarze, faulige Brühe. Die Stimmung der Karawane ist auf dem Tiefpunkt angelangt. Die Afrikaner nehmen Stanleys herrisches Verhalten einfach hin. Er verhält sich eben, wie sie es von den Weißen gewohnt sind. Aber Shaw und Farquhar, die beiden Seeleute, die Stanley in einem Anfall von Mitleid eingestellt hatte, fühlen sich durch seine respektlose, fordernde Art dermaßen gedemütigt und gepiesackt, dass sie bald nur noch abgrundtiefen Hass für ihren Führer empfinden.

> **? Tropenkrankheiten**
>
> Tropenkrankheiten sind Infektionskrankheiten, die zumeist von blutsaugenden Insekten übertragen werden. Im feuchtwarmen Klima, das in Zentralafrika in vielen Regionen wie dem Sudd herrscht, gibt es eine Vielzahl solcher Insekten. Die Einheimischen waren daran gewöhnt, doch europäische Reisende wurden häufig zum Opfer tropischer Krankheiten wie Amöbenruhr, Elephantiasis, Schlafkrankheit (durch die Tsetse-Fliege übertragen), Gelbfieber und Malaria. Afrika wurde zum „Sarg des weißen Mannes", wie es damals hieß. Erst seit 1850 gab es mit dem Medikament Chinin ein wirksames Mittel gegen die Malaria, das die Zahl der Todesfälle um 80 Prozent reduzierte.

Die Weißen können die Strapazen der Reise viel schlechter verkraften als die einheimischen Träger. Das macht sie anfällig für die heimtückischen Tropenkrankheiten. Farquhar wird von der Elephantiasis befallen. Sein ganzer Körper schwillt unnatürlich an, und er kann sich kaum noch bewegen. Stanley hat wenig Mitleid mit ihm. Auch mit Shaw nicht, den die Malaria erwischt.

Nein, die Suche nach David Livingstone ist wahrhaftig kein Spaziergang.

Eines Nachts, als Stanley in seiner Hängematte schläft, fällt ein Schuss und durchschlägt unmittelbar über seinem Kopf die Zeltwand. Stanley kann sich ausrechnen, wer geschossen hat: John William Shaw, es kann nur der Weiße gewesen sein. Als Stanley in Shaws Zelt stürmt, stellt der sich schlafend, aber die Indizien sind eindeutig: Der Lauf seiner Flinte ist heiß. Stanley stellt ihn zur Re-

Die beiden Weißen Shaw und Farquhar werden ihre Heimat nie wiedersehen. Beide sterben in Afrika an Tropenkrankheiten.

Zu den typischen Tierarten der Savanne gehören Elefanten, Giraffen, Büffel, Flusspferde, Krokodile, Zebras, Leoparden und Löwen.

de, belässt es aber bei einer strengen Ermahnung. Er meint, wenn sie die harte Etappe durch die Makata-Sümpfe hinter sich gelassen haben, werden sich die Gemüter wieder beruhigen.

Stanley soll recht behalten: In dem Dorf Mpapua am Fuße des Usagra-Gebirges kann sich die Karawane endlich einmal ausruhen. Auch die Regenzeit geht ihrem Ende zu. Etwa ein Drittel der Strecke ist geschafft. Nach 57 Tagen anstrengenden Reisens können sie sich hier nach Herzenslust satt essen. Frische Milch, saftiges Hammelfleisch, Rinderbraten, süßer Honig, Mehl, Bohnen, Eier. Die Stimmung der Männer wird sofort wieder viel besser. In Mpapua treffen sie auf arabische Handelskarawanen. Einer der Karawanenführer weiß Neuigkeiten über Livingstone zu berichten. Er halte sich in Maurieria auf, heißt es, plane aber, in Kürze nach Udschischi am Tanganjika-See zu gehen.

Also weiter, nur weiter. Nach Udschidschi, der großen Handelsniederlassung der Araber. Stanley schließt sich mit der arabischen Handelskarawane zusammen und durchwandert mit ihr gemeinsam die 50 Kilometer lange Strecke durch die karge Wüste Marenga Mkali. 400 Menschen schleppen sich durch Staub und Hitze. Was-

❓ Afrikanische Herrscher

Zu Livingstones Zeit gab es in Afrika zahlreiche Königreiche oder kleinere Herrschaftsbereiche, die von Königen oder Häuptlingen angeführt wurden – so auch im Gebiet der Wagogo im heutigen Uganda. Sie führten untereinander häufig Kriege, um ihre Machtbereiche zu vergrößern. Mit der Errichtung arabischer Niederlassungen bildeten sich enge Handelsbeziehungen der einheimischen Führer mit den Arabern; gehandelt wurde vor allem mit Gold, Elfenbein und Sklaven. Auch heute noch gibt es in Afrika viele Königreiche: in Swasiland, Lesotho, Ghana, Uganda und vor allem im Kongo.

ser gibt es kaum, und wenn sie doch mal auf ein Wasserloch stoßen, schmeckt das Wasser bitter, geradezu widerlich, ungenießbar. Mittags herrschen Temperaturen von über 50 Grad. Nachts muss man sich vor giftigen Skorpionen in Acht nehmen. Wieder bekommt Stanley Fieber. Dieses Mal bis zur Bewusstlosigkeit.

Er kann sich an dem Anblick der Zebras, Giraffen und Antilopen, die über die strauchlose Ebene ziehen, kaum erfreuen. Er hält sich kaum noch auf seinem Esel. Damit er nicht zurückbleiben muss, wird Stanley von seinen Männern in einer Hängematte mitgetragen. In seinem Fieberwahn hat er Angst, Livingstone zu verpassen. Wo auch immer er ankommt – Livingstone ist längst abgereist,

Die Araber überfallen das Dorf Simbiso, weil ihnen Häuptling Mirambo verweigert, sie durch sein Gebiet ziehen zu lassen. Stanley gerät ungewollt in die Auseinandersetzung.

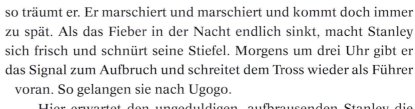

Die Afrikaner hatten bei kriegerischen Auseinandersetzungen mit ihren Speeren kaum eine Chance gegen die Schusswaffen der Weißen oder der Araber.

so träumt er. Er marschiert und marschiert und kommt doch immer zu spät. Als das Fieber in der Nacht endlich sinkt, macht Stanley sich frisch und schnürt seine Stiefel. Morgens um drei Uhr gibt er das Signal zum Aufbruch und schreitet dem Tross wieder als Führer voran. So gelangen sie nach Ugogo.

Hier erwartet den ungeduldigen, aufbrausenden Stanley die nächste Prüfung. Die Einwohner Ugogos, die Wagogo, verlangen von den Karawanen, die durch ihr Gebiet ziehen, hohe Wegzölle. Wer sich weigert zu zahlen, wird in einen Hinterhalt gelockt und getötet.

Stanley, der es hasst, sich erpressen zu lassen, würde sich am liebsten den Weg mit seinem Winchestergewehr freischießen, aber die arabischen Karawanenhändler überzeugen ihn, klein beizugeben und zu zahlen, was auch immer die „Sultane" genannten Häuptlinge verlangen.

Jeder einzelne Tag bringt neue Schwierigkeiten, stellt die Karawane vor neue Hindernisse – Stanley meistert sie alle. Er erkrankt an den Pocken, viele seiner Leute werden von dieser Krankheit, andere vom Fieber weggerafft, Shaw und Farquhar gehen jämmerlich zugrunde, er gerät in eine brutale, kriegerische Auseinandersetzung zwischen den Afrikanern und den arabischen Händlern, mit denen er reist, und treibt seine Karawane dennoch immer weiter voran. Er hat seinen Leuten nicht gesagt, dass sie nach Livingstone suchen. Der Journalist hat Angst, dass andere Reporter davon Wind bekommen und ihm die Story wegnehmen. Er hat der Karawane stattdessen weisgemacht, sie suchten nach der Quelle des Rusidi-Flusses, eines unbedeutenden Flusses, für den sich niemand weiter interessiert. Den Männern kommt die ganze Höllentour daher einfach nur sinnlos vor, und sie begehren auf. Doch alles, was geschieht, bestärkt Stanley in seinem Entschluss, Livingstone zu finden.

> **Ich habe einen feierlichen Eid geschworen, einen Eid, den ich halten werde, solange noch ein Fünkchen Leben in mir ist, dass ich die Suche nicht aufgeben werde, bis ich Livingstone gefunden habe, ob tot oder lebendig. Kein Mensch auf Erden wird mich aufhalten können, nur der Tod.**
> Henry Morton Stanley

6 Gefunden

>>> **Wie ist es Livingstone ergangen,** seit ihn die Männer von der Johanna-Insel so schmählich im Stich ließen? Seit sie sich aus Angst vor den Masitu davonstahlen?

Livingstones Suche nach den Nilquellen steht auch weiterhin unter keinem guten Stern. Er durchwandert Gebiete, in denen Krieg herrscht. Viele Dörfer sind von den Masitu zerstört worden, überall liegen Knochen und Schädel am Wegesrand. Im Kriegsgebiet gibt es keine Lebensmittel und auch keine Träger. Die Vorräte gehen zur Neige. Hilflos muss Livingstone hinnehmen, dass sich nach und nach fast alle Träger aus dem Staub machen und dabei wertvolle Ausrüstungsgegenstände mitnehmen. Am härtesten trifft ihn, dass zwei der Deserteure seine Arzneikiste mitgehen lassen. Vollkommen niedergeschmettert notiert er am 20. Januar 1867 die Begebenheit in seinem Tagebuch: „Mir war zumute, als ob ich mein Todesurteil empfangen hätte!" – Und das schreibt der Mann, der sonst nicht leicht aus der Fassung zu bringen ist.

Ein Todesurteil – das kommt der Sache ziemlich nahe. Ein Todesurteil auf Raten. Ohne Medizin ist Livingstone den Tropenkrankheiten hilflos ausgeliefert.

Schon bald wird er von einem bösartigen Fieber befallen. Und immer quält ihn die Ruhr, blutiger Durchfall. Jahrelang. Ein gnadenloser Raubbau an seinem Körper setzt ein. Immer wieder versucht er, vorbeiziehenden arabischen Karawanen Briefe mitzugeben, um aus Sansibar Medizin und Tauschwaren zu erhalten. Keiner dieser Briefe erreicht sein Ziel. Aber statt zur Küste zurückzukehren, wo er sich erholen und Medikamente bekommen könnte, wandert er weiter. Er entdeckt den Mweru- und den Bangweulu-See, folgt dem Lukuga- zum Lualaba-Fluss. Sein Haar wird weiß und schütter, seine Zähne fallen aus, er ist abgemagert bis auf die Knochen und sieht aus wie ein uralter Greis. Und immer noch schreitet er voran. Der Lualaba könnte sich als Quellfluss des Nil herausstellen, meint er. Dann hätte all sein Leiden zu guter Letzt einen Sinn.

Im Laufe seines Forscherlebens entdeckte Livingstone viele bedeutende Seen Zentralafrikas, so den Ngami-, den Chilwa-, den Njassa-, den Mweru- und den Bangweulu-See. Der Victoria-See (rechts im Bild) wurde von J. H. Speke entdeckt, der ihn für die Nilquelle hielt.

Das Gebiet der großen Seen Zentralafrikas ist eines der am dichtesten besiedelten der Welt, rund 107 Millionen Menschen verschiedener Nationen und Volksgruppen leben hier. Die Maske stammt von den Makonde.

Jeden Tag liest er in der Bibel und betet zu Gott, jeden Sonntag predigt er, selbst wenn ihm niemand zuhört als die Fliegen an der Wand. Er versucht, auch dann nicht an Gott zu zweifeln, als er genötigt ist, sich den arabischen Sklavenkarawanen anzuschließen, um zu überleben. Den Menschenhändlern, die er so hasst – jetzt ist er auf ihre Gastfreundschaft angewiesen. Wandert mit ihnen durch das Gebiet der Manjema westlich des Tanganjika-Sees. Hilflos muss er zusehen, wie seine Gastgeber im Land der wehrlosen Manjema auf Menschenjagd gehen.

Am 15. Juli 1871 wird er am Ufer des Lualaba Augenzeuge eines entsetzlichen Blutbades, das die Sklavenhändler in einem Dorf anrichten. Er sieht Gräueltaten, die ihn zutiefst verstören, die ihn auch Monate später nachts nicht schlafen lassen.

Livingstone ist Arzt. Er hilft, wo er kann, säubert Wunden, beschützt die Menschen, die sich zu ihm flüchten, vor den schießwütigen Arabern, versucht so viele zu retten wie möglich. Aber als sich die Einwohner des gesamten Gebietes endlich gegen die Sklavenhändler erheben, gerät auch sein Leben in Gefahr. Es ist nicht mehr möglich, unter diesen Umständen die Erforschung Zentralafrikas fortzuführen. Livingstone versucht, sich ohne die verhassten Sklavenhändler nach Udschidschi am Tanganjika-See durchzu-

Dieser Massenmord, der noch dazu fast nur an Frauen verübt worden ist, erfüllt mich mit Grauen.

David Livingstone, Tagebuchaufzeichnung vom 16. Juli 1871

schlagen, wo seine Vorräte lagern und wo er und seine Leute in Sicherheit sind.

Der Weg dorthin ist sehr gefährlich. Die Afrikaner halten Livingstone für einen Sklavenhändler und trachten ihm nach dem Leben. In den Dörfern, durch die er kommt, wird er mit Steinen beworfen. Auf dem ganzen Weg zurück nach Udschidschi wird er von unsichtbaren Feinden bedroht. Wie ein Alptraum ist der Weg zurück durch den Urwald. Nur ein Rascheln im Dickicht verrät, dass sie von vielen Augen beobachtet werden. In den Baumkronen sind Schatten. Sie bewegen sich. Livingstone und seine Leute sind umstellt. Doch so sehr sie sich auch anstrengen, sie können niemanden entdecken. Es ist ein Wunder, dass Livingstone den Tag überlebt.

Zweimal werden Speere aus dem Dunkel des Dschungels gegen ihn geschleudert. Sie verfehlen nur knapp ihr Ziel. Die Karawane antwortet mit Gewehrfeuer. Die Schüsse gehen ins Nichts. Die kleine Schar schleppt sich eine Anhöhe hoch, auf der ein großer Baum steht. Plötzlich ein Knacken, Livingstone erschrickt bis ins Mark, der gewaltige Baum stürzt direkt auf ihn zu. In letzter Se-

Eine Sklavenkarawane auf dem Weg zur Küste. Livingstone muss sich wohl oder übel den von ihm verabscheuten arabischen Sklavenhändlern anschließen, sonst würde er verhungern.

 Widerstand

Wenn die Afrikaner gegen die Unterdrückung durch die Araber oder später die Europäer kämpften, wurde ihr Widerstand meist schnell und blutig niedergeschlagen. Die Europäer und Araber hatten schlichtweg die besseren Waffen. Einen der wenigen militärischen Siege der Afrikaner erkämpften 20 000 Zulu unter ihrem König Cetshwayo im Januar 1879 gegen die Briten. Ein Sieg, den sie nur kurze Zeit auskosten konnten. Zuletzt siegten die Briten dank ihrer überlegenen Waffen gegen die Zulu. Deren Land wurde britische Kolonie.

kunde springt er zurück, der Baum schlägt knapp vor ihm auf den Boden, und der alte Mann entgeht zum dritten Mal an diesem Tag um Haaresbreite dem sicheren Tod. Die Afrikaner hatten unter der Wurzel des Baumes Feuer gelegt.

Livingstones Füße sind von Geschwüren übersät und stark angeschwollen. Jeder Schritt in seinen engen französischen Schuhen wird zur Qual. Mühsam hinkend schleppt sich der bis aufs Skelett abgemagerte Forscher weiter. Am 23. Oktober 1871 erreicht er endlich Udschidschi. Er schöpft wieder Mut. In der Handelsstadt gibt es täglich einen Markt, auf dem Lebensmittel angeboten werden. Hier ist er in Sicherheit. Hier wird er wieder zu Kräften kommen.

Aber schon folgt der nächste Schlag: Scherif, ein arabischer Händler, dem Livingstone all seine Vorräte und Tauschwaren anvertraut hat, hat den ganzen Besitz veruntreut. Ein Betrüger, wie er hinterhältiger und gemeiner nicht sein kann. Er hat einfach alles verkauft, das Geld ist längst weg. Livingstone besitzt so gut wie nichts mehr. Nicht einen Streifen Stoff, keine einzige Perle. Wie soll es jetzt weitergehen? Muss er nun betteln, um zu überleben? Livingstone ist am tiefsten Punkt angelangt. Körperlich ein Wrack, vollkommen niedergedrückt durch die entsetzlichen Erlebnisse der letzten Wochen. Ist Gott noch mit ihm?

28. Oktober 1871. Die letzten Vorräte sind aufgebraucht. Woher kann jetzt nur Hilfe kommen? Wie soll er in seinem geschwächten Zustand zurück zur Küste gelangen? Wird er seine Kinder jemals wiedersehen? Die Lage ist völlig aussichtslos.

In dieser verzweifelten Situation stürmt Livingstones treuer Diener Susi in seine Hütte und schreit atemlos: „Ein Engländer! Ich habe ihn selbst gesehen!" Livingstone folgt dem Diener, so schnell er kann, und traut seinen Augen kaum, als er sieht, was die Träger des fremden Engländers alles mit sich führen: Badewannen, Tuchballen, Kochtöpfe, große Zinnkessel, zusammenlegbare Zelte. Alles das, was das Reisen angenehm macht.

Auch am 236. Tag seiner Suchexpedition schwimmt Henry Morton Stanley noch ganz oben auf der Brühe. Mit großem Getöse, unter Salutschüssen aus dem Winchestergewehr und seine amerikanische Flagge an einem langen Fahnenmast schwenkend, marschiert Stanley in Udschidschi ein. „Ich sehe den Doktor. Ach, was das für ein alter Mann ist! Er hat einen ganz weißen Bart", sagt Stanleys Diener Selim plötzlich zu ihm. Stanley unterdrückt einen Freudenschrei und bahnt sich seinen Weg durch die

Livingstone vertraut immer wieder Menschen, die ihn betrügen. Seine einzige Strafe für den arabischen Händler Scherif, der ihm seinen ganzen Besitz in Udschidschi stiehlt: Er gibt ihm nicht mehr die Hand.

Masse der aufgeregt durcheinanderschreienden Schaulustigen auf den berühmten Forscher zu. Zwei Weiße auf einmal in Udschidschi – das hat es noch nie gegeben.

Stanley geht bedächtig auf Livingstone zu. Am liebsten würde er dem alten Mann jubelnd um den Hals fallen, aber das ist gegen die Gepflogenheiten der Zeit. Also beherrscht er sich, hebt höflich seinen Tropenhelm und sagt mit einer leichten Verbeugung: „Doktor Livingstone, wie ich vermute."

„Ja", erwidert Livingstone mit einem freundlichen Lächeln und lüftet seine Mütze.

Die beiden Männer schütteln sich herzlich die Hände. Stanley sagt: „Ich danke Gott, Herr Doktor, dass es mir gestattet ist, Sie zu sehen."

„Und ich bin dankbar, dass ich Sie hier begrüßen kann", antwortet Livingstone.

Endlich ist der Zeitpunkt gekommen, Stanleys Champagnerflasche zu entkorken, die tatsächlich die ganze lange Reise heil überstanden hat. Die beiden Männer stoßen auf die denkwürdige Begegnung an.

„Herr Doktor Livingstone, auf Ihr Wohl!"
„Auf das Ihrige!"

Livingstones Familie

In seiner frühen Zeit als Forscher nimmt Livingstone noch seine ganze Familie mit auf Entdeckungsreise. Mit erst drei, später vier kleinen Kindern wagen sich David und Mary Livingstone in die Kalahari-Wüste. Als die Kinder in der Wüste allerdings fast verdursten, zieht Mary mit ihnen nach England, und Livingstone setzt seine Reisen allein fort. Nie wieder wird er mit seiner Familie über längere Zeit zusammen sein. Als Mary nach Afrika zurückkehrt, um ihren Mann bei der Erforschung des Sambesi-Flusses zu begleiten, stirbt sie 1862 an einem tropischen Fieber.

Doktor Livingstone, wie ich vermute.
Henry Morton Stanley zu David Livingstone

Oben: Typische afrikanische Hütten am Ufer des Sambesi

Links: 28. Oktober 1871: Das Treffen der beiden englischen Gentlemen. Stanley ist zwar von Geburt Engländer, hat aber in Amerika die amerikanische Staatsangehörigkeit angenommen. Daher die amerikanische Flagge

Dieses Treffen wird als die berühmteste Begegnung in der Geschichte der großen Entdeckungsreisen angesehen. „Doktor Livingstone, I presume" – „Doktor Livingstone, wie ich vermute." Dieser Satz wurde tausende Male nachgesprochen, wurde zu einer gängigen Begrüßungsfloskel, besonders unter Reisenden in Afrika, die sich irgendwo unerwartet begegneten.

Stanley ist tief beeindruckt von Livingstone. Er, der zeit seines Lebens immer nur auf Ablehnung stieß, der noch nie die Erfahrung gemacht hat, dass ihn jemand liebt, findet in Livingstone den Vater, den er nie hatte. Er bewundert den Forscher aus tiefstem Herzen. Besonderen Eindruck macht auf ihn, dass Livingstone trotz aller Strapazen und Niederlagen, die er erlitten hat, so voller Lebensfreude steckt. Sie lachen viel gemeinsam. Stanley beobachtet verwundert, wie respektvoll Livingstone mit seinen Dienern umgeht, dass er sie nie schlägt. Das macht ihn nachdenklich.

„Jeder Tag, den ich mit ihm verbrachte, hat meine Bewunderung für ihn erhöht", schreibt er in seinen Erinnerungen. Auf einmal hat Stanley es gar nicht mehr eilig, zurück zur Küste zu kommen, um dem *New York Herald* Bericht abzustatten und die sensationelle Story auszuschlachten. Er will bei Livingstone bleiben. Unbedingt.

Trotz aller Gegensätze freunden sich die beiden Männer an. Vier Monate verbringen sie miteinander, nehmen in der Zeit die Erforschung des Tanganjika-Sees gemeinsam in Angriff, fahren über 500 Kilometer auf Einbäumen durch das grünblaue Wasser und untersuchen die Flüsse, die in diesen See münden. Stanley saugt alles, was Livingstone sagt und tut, wie ein Schwamm in sich auf. Er lernt von ihm sozusagen das Entdeckerhandwerk, und dadurch soll sein Leben eine völlig neue Richtung bekommen. Auch wenn sie die Nilquelle nicht entdecken können, ist es wahrscheinlich die glücklichste Zeit in Stanleys Leben.

Livingstone dagegen profitiert von Stanleys praktischer Hilfe, von dem guten Essen und der Ausrüstung, die er ihm zur Verfügung stellt. Livingstone ist bald wieder bei Kräften, verfügt über neue Vorräte, ausreichend Medikamente, Tauschwaren und Träger, ist besser ausgerüstet als je zuvor. Stanley organisiert für ihn eine neue Karawane für seine Suche nach der Nilquelle, von der der große Afrikaforscher noch immer nicht lassen will. Am 13. März 1872 nimmt Stanley schweren Herzens Abschied von Livingstone. Verstohlen wischt er sich die Tränen aus dem Gesicht. Er ahnt, dass es ein Abschied für immer ist.

Stanley legt auf dem Rückweg ein halsbrecherisches Tempo vor. Durch alle Gefahren hindurch trägt er Livingstones Briefe, Auf-

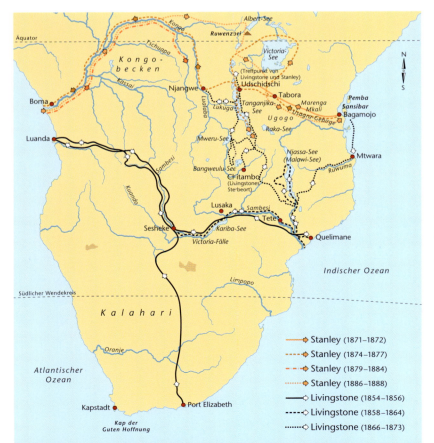

Stanley verehrte Livingstone so sehr, dass er in dessen Fußstapfen als Entdecker trat. Er ging auf einer sechs Jahre dauernden Expedition Livingstones Annahme, dass der Lualaba ein Quellfluss des Nil sein könnte, auf den Grund. Dies stellte sich aber als falsch heraus.

Oben: Der Abenteurer von heute auf seinem Motorboot. Neil McGrigor schläft am besten auf dem Dach des Zap Cat.

Links: Mit 15 Ruderern erkunden Stanley und Livingstone 28 Tage lang den Tanganjika-See.

zeichnungen und Tagebücher. Er hütet sie wie seinen Augapfel. Ende Mai 1872 verlässt Stanley von Sansibar aus Afrika. Er löst seine Karawane auf und entlohnt die Träger. Und da tut er etwas, was zu Beginn der Reise undenkbar gewesen wäre: Er schüttelt jedem einzelnen Mann zum Abschied die Hand. So als hätte er zu guter Letzt verstanden, dass er es mit Menschen zu tun gehabt hat. Als die Träger schließlich wieder ihrer Wege ziehen, fühlt er sich sehr verlassen.

Am 2. August 1872 übergibt er alle Aufzeichnungen Livingstones dessen Sohn Tom in England. Der Beweis ist erbracht: Livingstone lebt! Weltweit berichten die Zeitungen von Stanleys Abenteuern. Ganz England freut sich. Königin Viktoria empfängt ihn und zollt ihm ihre Anerkennung. Amerikanische Journalisten sehen in Stanleys Bericht die „Story des Jahrhunderts". Er ist ein gemachter Mann.

7. Die Quelle des Nil

>>> **Livingstone zieht währenddessen** mit seiner neuen Karawane am Ufer des Tanganjika-Sees südwärts. Er will zu Ende bringen, was er sich vorgenommen hat, das große Rätsel endlich lösen.

Die Schwierigkeit bei Livingstones Suche nach dem längsten Quellfluss des Nil besteht darin, dass es zahllose Flüsse gibt, die in die großen Seen Zentralafrikas fließen, aus denen der Nil gespeist wird. Er müsste bei jedem einzelnen herausfinden, ob er in die Seen hineinfließt oder aus ihnen heraus. Er müsste jedem einzelnen, der hineinfließt, bis zu seiner Quelle folgen. Es ist wie in einem Labyrinth, das sich über tausende und tausende von Kilometern erstreckt. Der Tanganjika-See beispielsweise hat eine Länge von 673 Kilometern. Das ist so, als würde der See sich in Deutsch-

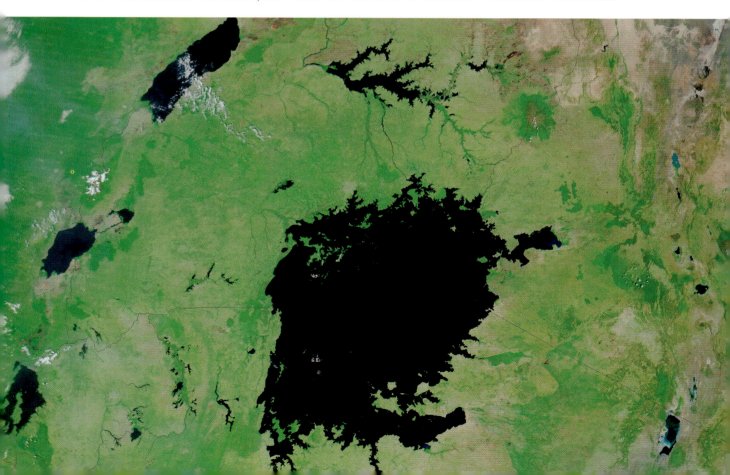

Satellitenbild vom Quellgebiet des Nil. Deutlich zu erkennen ist der größte See Afrikas: der Victoria-See

> **K**eine Macht der Welt kann mich dazu bringen, am Erfolg meines Werks zu zweifeln oder es aufzugeben. Ich schöpfe Mut aus Gott, meinem Herrn, und gehe vorwärts.
>
> David Livingstone, Tagebuchaufzeichnung vom 25. März 1873

Der zu Tode erschöpfte Livingstone auf seiner letzten Reise zum Bangweulu-See, an dessen Ufer er am 1. Mai 1873 stirbt

land zwischen Hamburg und Stuttgart ausdehnen. 231 000 Quadratkilometer Flusslandschaft gilt es zu erforschen, größtenteils zu Fuß – eine unlösbare Aufgabe für einen einzelnen Mann, selbst wenn er so zäh und tapfer ist wie David Livingstone.

Im Januar 1873 gehen Livingstones Lebensmittelvorräte erneut zur Neige, er magert ab, jeden Tag wird er ein bisschen weniger. Wegen der Ruhr verliert er beständig Blut. Er ist sehr erschöpft. Doch er will sich auf gar keinen Fall von seinen Dienern tragen lassen und taumelt mit dem Zug mit, so lange er kann.

Statt zur Küste zu gehen, wo Rettung wäre, zieht er immer weiter nach Westen, mitten ins Herz seines geliebten afrikanischen Kontinents. Die Quelle wähnt er ganz in der Nähe.

Sie gelangen an den Bangweulu-See. Lotos, Papyrus, Schilf und die leuchtenden Blüten der Wasserpflanzen erfreuen Livingstones Auge. Es gibt wieder ausreichend zu essen. Der Schrei des Fischadlers beeindruckt Livingstone tief. Unheimlich, unirdisch kommt ihm die Stimme des großen Raubvogels vor. „Es ist, als riefe jemand in einer anderen Welt", notiert er in seinem Tagebuch. Ob er wohl ahnt, dass diese andere Welt schon auf ihn wartet?

Livingstone wird jetzt auf einer Bahre getragen, verliert mehrmals am Tag das Bewusstsein und will, wenn er es wiedererlangt, dennoch nur eines: weiter. Immer weiter. Zur Quelle.

Seine Diener Chuma und Susi, die ihn während seiner ganzen langen Reise begleitet haben, lieben ihn und vertrauen seiner Weisheit. Sie tun alles, was er von ihnen verlangt. Aber sie wissen, Livingstones Leben geht unabwendbar dem Ende zu.

In der Nacht des 1. Mai 1873 stirbt Livingstone im Alter von 60 Jahren in dem kleinen Ort Chitambo in der Nähe des Bangweulu-Sees. Chuma und Susi finden ihn neben seinem Bett kniend, wie im Gebet versunken, als wäre er mitten im Gespräch mit seinem Gott für immer eingeschlafen.

Links: 1874 wurden James Chuma und Abdullah Susi nach London eingeladen, wo sie eine Auszeichnung von der RGS erhielten. Hier erläutern sie den Kindern Livingstones die Aufzeichnungen ihres Vaters.

Und noch immer ist Livingstones Wanderung nicht zu Ende.

Chuma und Susi hüllen seinen abgemagerten Körper in Kattun, schützen ihn mit einem Sarg aus Baumrinde und tragen den Toten neun Monate lang mehr als 1500 Kilometer weit unter großen Gefahren durch den Dschungel, durchqueren Flüsse und Seen, fahren mit ihm schließlich über das Meer bis nach Sansibar. Ein Dampfer bringt den großen Forscher zurück nach England, wo er am 18. April 1874 unter enormer Anteilnahme der Bevölkerung in der Westminster-Abtei begraben wird, der be-

Oben: Mit dem Kriegsschiff *HMS Vulture* werden Livingstones sterbliche Überreste, seine Papiere und sein persönlicher Besitz nach England überführt. Nach acht Jahren und 18 Tagen kehrt er endlich heim.

Rechts: Chitambo – wo Livingstones Herz begraben ist

 Chuma und Susi

Die beiden treuen Diener Livingstones, Abdullah Susi und James Chuma, begleiteten den Forscher schon auf seiner Expedition zum Sambesi und waren ihm eng verbunden. Livingstone hatte Chuma 1861 aus der Sklaverei freigekauft. Sie bekamen am 1. Juni 1874 in London eine Ehrenmedaille von der Royal Geographical Society für ihre Verdienste um Livingstone. Danach kehrten sie nach Afrika zurück, wo sie auch weiterhin als Träger für Karawanen ihr Geld verdienten. Chuma starb am 12. September 1882 auf Sansibar, das Todesdatum von Susi ist unbekannt.

❓ Kolonialismus

Missionare und Forscher wie Livingstone bereiteten, ohne es zu wollen, den Boden dafür, dass europäische Staaten in der zweiten Hälfte des 19. Jahrhunderts ihren Machtbereich auf Afrika ausdehnten und dort Kolonien errichteten. War es das Ziel der ersten Afrikareisenden und Missionare, die letzten weißen Flecken auf der afrikanischen Landkarte zu tilgen, den Afrikanern das Christentum zu bringen und Handelsbeziehungen zu knüpfen, ging es bald darum, Afrika unter den mächtigsten europäischen Staaten aufzuteilen wie einen Kuchen. Den Anfang machten die Portugiesen, ihnen folgten England, Frankreich, Spanien, Belgien und Deutschland. Die Konkurrenz dieser Staaten um die Vorherrschaft in Europa wurde in Afrika fortgesetzt. Auf der Berliner Konferenz von 1884/85 wurden die Gebietsansprüche unter den Kolonialmächten abgesprochen, Ende des 19. Jahrhunderts war ganz Afrika bis auf Äthiopien und Liberia aufgeteilt. Die Europäer beuteten die Rohstoffe ihrer afrikanischen Kolonien rücksichtslos aus und errichteten eigene Herrschaftssysteme. Anfang der 1940er-Jahre wurden die ersten afrikanischen Staaten unabhängig, die letzten – Rhodesien und Namibia – wurden es erst 1980 und 1990.

---

deutendsten Kirche Londons, in der die Könige Englands gekrönt und beigesetzt werden. Nur sein Herz reist nicht mit in die alte Heimat. Das begraben seine Diener an dem Ort, an dem er starb, unter einem schattenspendenden Baum. Livingstones Herz bleibt in Afrika bei den Menschen, für die er sich zeit seines Lebens einsetzte.

Bereits ein Jahr zuvor, 1873, wurde auf Drängen Englands – die ganze Nation ist von Livingstones schockierenden Berichten wachgerüttelt worden – der Sklavenhandel in Ostafrika abgeschafft und der Sklavenmarkt in Sansibar für immer geschlossen.

Stanley tritt nach Livingstones Tod in dessen Fußstapfen. Fast 1000 Tage sucht er in Afrika die Quelle des Nil und legt dabei 11 000 Kilometer zurück. Livingstone lag mit seiner Vermutung falsch, findet er heraus. Der Lualaba mündet in den Kongo, nicht in den Nil. Stanley macht sich einen großen Namen als Forscher – die Quelle des Nil aber findet auch er nicht.

Erst 1898 gelingt es dem deutschen Afrikaforscher Dr. Richard Kandt, im Nyungwe-Wald hoch oben in den Bergen Ruandas die am weitesten von der Mündung entfernte Nilquelle zu finden. Hier sind sie: die Mondberge mit ihren schneebedeckten Gipfeln, nach denen Abenteurer und Entdecker so lange gesucht haben. Über 100 Jahre stellt niemand Dr. Kandts Entdeckung in Frage.

Während Neil McGrigor sich in England von seinen Verletzungen erholt, nimmt er sich zum hundertsten Mal die Fotos vor, die aus dem All vom Nil geschossen worden sind. Seine Berechnungen ergeben, dass der Nil 107 Kilometer länger ist, als in allen Büchern steht. Anhand der Satellitenbilder ist das eindeutig zu belegen. Auch seine Zweifel an der sogenannten Kandtquelle hält McGrigor für berechtigt. Unfassbar – dass man all die Jahre diesen offensichtlichen Irrtum nicht bemerkt hat! Er muss zurückkehren an den großen Strom, muss zu Ende bringen, was er angefangen hat: dem Lauf des Nil von der Mündung bis zur Quelle folgen. Nur wenn er das tut, kann er beweisen, dass die Quelle des Nil an ganz anderer Stelle ist, als in sämtlichen Karten und Atlanten seit über 100 Jahren verzeichnet. Dann würde wenigstens etwas Gutes aus der zuletzt so unglücklichen Expedition erwachsen.

Vier Monate nach dem Rebellenangriff kehrt das Team zurück an den Ort, an dem es erfahren musste, wie wenig ein Leben wert sein kann, und setzt von dort aus seine Reise fort. Zunächst fahren die Männer mit ihren Zap Cats auf dem großen Strom. Je näher sie zur Quelle kommen, desto flacher wird der Fluss. Bald kommen sie mit den Booten nicht mehr weiter. Die letzten 80 Kilometer schlagen sie mit Macheten einen Pfad durch den undurchdringlichen Nyungwe-Wald in den Bergen Ruandas. Sie haben großen Respekt vor Livingstones Lebensleistung, fragen sich manchmal, wie das überhaupt möglich war, dass er in seinem geschwächten Zustand so weit kommen konnte.

Schließlich kommen sie zum Ruwenzori-Gebirge in Ruanda. Dort, im Nyungwe-Nationalpark, gelangen sie an einen Punkt, wo der Quellfluss der von Dr. Kandt entdeckten Nilquelle und der Fluss, den sie selbst für den längsten Nilquellfluss halten, zusammenfließen. Dr. Kandts Quellfluss ist sehr viel schmaler als ihr Fluss. Wäre Dr. Kandt jetzt bei ihnen, würde er seinen Irrtum sofort erkennen. Aber Dr. Kandt verließ sich auf das, was die Einheimischen ihm erzählten, und ist selbst nie bis zu diesem Punkt vorgedrungen. Sie müssen dem breiteren Fluss folgen, er wird sie zur Quelle bringen.

Manchmal kommen sie in der Stunde nicht mehr als 200 Meter voran, so undurchdringlich ist der Regenwald. Bis zur totalen Erschöpfung schlagen sie mit den Macheten einen Weg durchs Dickicht. An manchen Stellen ist das nicht möglich. Dann klettern sie über gewaltige Büsche, kriechen durchs Unterholz, brechen irgendwie durchs Dickicht hindurch. Für die letzten vier Kilometer brauchen sie ganze zwei Tage. Zwei Tage, in denen sie sich völlig verausgaben.

Als sie schließlich die Quelle erreichen, verspüren sie vor allem eines: riesige Erleichterung, dass sie durchgekommen sind, dass es vorbei ist. Große Entdeckerfreude kommt bei ihnen nicht auf. Der Anblick der Quelle des mächtigen, sagenumwobenen Stroms haut sie nicht gerade um. Es ist nur ein Wasserrinnsal, das aus dem Bo-

Am Ende der Expedition sind Neil und seine Freunde stolz, dass sie das Abenteuer bestanden haben, und gleichzeitig traurig, dass die Expedition vorbei ist.

Die Quelle des Nil

„Die" Quelle des Nil gibt es nicht, denn der Nil wird aus zwei verschiedenen Quellflüssen gespeist: dem Blauen Nil und dem wesentlich längeren Weißen Nil. Der Weiße Nil wiederum hat drei verschiedene Zuflusssysteme: Eines schließt das Ruwenzori-Gebirge ein – dort befindet sich die am höchsten gelegene Nilquelle –, das andere den Nyungwe-Wald mit der mündungsfernsten Quelle und das dritte den Kibira-Nationalpark, wo die südlichste Quelle liegt.

---

den tröpfelt, keine sprudelnde Quelle. Das Wasser sickert aus einem schlammigen Sumpf. Doch dass es sich bei dieser Quelle um die am weitesten von der Mündung entfernte Nilquelle handelt – daran hat Neil keinerlei Zweifel.

Bis die neuen Erkenntnisse über die Quelle und die Länge des längsten Stroms der Erde allgemein anerkannt werden, man sie in Büchern nachlesen kann und auf Landkarten verzeichnet findet, wird noch viel Zeit vergehen. Noch ist unklar, ob die Wissenschaft Neil McGrigors Sicht der Dinge über die tatsächliche Nilquelle überhaupt teilen wird. Der Nil hat zu viele Zuflüsse. „Welches die richtige Quelle ist – das ist Auslegungssache", wird in diesem Zusammenhang oft gesagt. Aber noch hat kein Wissenschaftler die neuen Forschungsergebnisse widerlegt.

McGrigor hat eine erstaunliche Leistung vollbracht und überall große Anerkennung geerntet. Er muss allerdings auch damit leben, dass ein Mensch, der der Expedition in einer Notlage zu Hilfe kam, sein Leben verlor. Der Tod von Steve Willis macht ihm bis heute schwer zu schaffen. Livingstones letzten Wunsch für Afrika, der auch als Inschrift auf seinem Grabstein steht, den trägt auch Neil McGrigor im Herzen.

> **Alles, was ich in meiner Einsamkeit sagen kann, ist, möge der reiche Segen des Himmels auf alle herabkommen – Amerikaner, Engländer, Türken –, um diese offene Wunde der Welt zu heilen.**
> David Livingstone

Chronik

Ab 600 v.Chr. Die Phöniker, ein Volk von Seefahrern, umfahren Afrika im Auftrag des Pharao Necho II. von Osten über den Süden nach Westafrika.
um 450 v.Chr. Herodot, ein griechischer Geschichtsschreiber und Geograph, bereist Nordafrika und erstellt umfangreiche Berichte. Zehn Jahre später begibt er sich auf die Suche nach den Nilquellen und muss seine Reise am ersten Katarakt beenden.
1. Jh.n.Chr. Der römische Kaiser Nero entsendet Soldaten auf eine Expedition zu den Nilquellen. Sie müssen die Suche im unwegsamen Sumpfgebiet des Sudd im Sudan beenden.
2. Jh.n.Chr. Der griechische Mathematiker und Geograph Claudius Ptolemäus fertigt die erste Karte vom Nil an.
um 200 Beginn der Christianisierung Afrikas
642 Beginn der Eroberung Ägyptens durch die Araber. Dadurch wird die Islamisierung Nordafrikas vom Roten Meer bis zum Atlantik eingeleitet.
Ab 969 Große arabische Einwanderungswelle nach der Eroberung Kairos durch arabische Fatimide. Durch sie gelangen arabische Händler in die Regionen südlich der Sahara, die nach Einführung des Kamels erreicht werden können. Die Händler siedeln entlang der Ostküste und machen als Erste Geschäfte im großen Stil mit versklavten Menschen aus Zentralafrika.
1352 Der arabische Reisende Ibn Battuta erreicht Timbuktu, wo wenig später die erste Universität Afrikas gegründet wird. Er berichtet über die kulturell hochentwickelten muslimischen Stadtstaaten entlang der Ostküste, wie z.B. Sansibar.
1415–1417 Chinesische Handelsschiffe landen an der Küste Ostafrikas. Sie tauschen Waren mit den Einheimischen aus und fahren wieder heimwärts.
1444–1445 Die Portugiesen erreichen die Westküste Afrikas. Sie beladen ihre Schiffe mit Gold und kehren in die Heimat zurück. Mit an Bord: die ersten von Europäern gefangenen Afrikaner. Auf die Portugiesen folgen Franzosen, Engländer, Deutsche, Niederländer und Spanier, diese konzentrieren sich auf Nordafrika.
1490 Mit der Gründung portugiesischer Handelsniederlassungen im Kongo-Gebiet kommen europäische Missionare nach Afrika.
1497 Der Portugiese Vasco da Gama umsegelt die Südspitze Afrikas und erreicht Ostafrika und Indien.
Anfang des 16. Jahrhunderts Der zum Christentum übergetretene Araber Leo Africanus bereist den Norden Afrikas bis in den Sudan. Seine dreibändige *Beschreibung Afrikas* bleibt bis ins 18. Jahrhundert das Standardwerk über Afrika. Die dichte Regenwaldregion südlich des Sudan bleibt jedoch weiterhin unerforscht.
1510 Der erste Sklaventransport aus Westafrika erreicht Amerika. In den kommenden Jahren werden nahezu 50 Millionen Männer, Frauen und Kinder aus ganz Afrika gefangen und als Sklaven verkauft. Am Sklavenhandel beteiligen sich neben den Portugiesen auch Deutsche, Franzosen, Engländer und Niederländer.
1668 Die erste länder- und völkerkundliche Beschreibung Afrikas aus europäischer Feder wird von dem niederländischen Arzt Olfert Dapper herausgegeben. Er selber ist nie nach Afrika gereist.
9. Juni 1788 Gründung der Londoner African Association. Erst sie ermöglicht Europäern das Vordringen ins Innere Afrikas. Damit beginnt die wissenschaftliche Erforschung des Kontinents. Weite Gebiete, vor allem südlich der Sahara, werden erst ab dem 20. Jahrhundert bekannt.
1800–1894 374 Entdeckungsreisende verlieren in Afrika ihr Leben.
1805 Die Sklaverei wird in England abgeschafft. 1863 folgen die USA. Inoffiziell bleibt sie jedoch noch lange bestehen. Noch heute gibt es illegale Sklaverei in verschiedenen Ländern der Welt.
1831 Gründung der Royal Geographical Society (RGS), die die African Association ersetzt. Sie unterstützt David Livingstone und finanziert bis heute Entdeckungsreisen.
1849 Livingstone reist als erster Europäer durch die Kalahari-Wüste zum Ngami-See.
Ab 1850 Immer mehr europäische Entdeckungsreisende wollen die Geheimnisse des noch weithin unbekannten Kontinents lüften.
1853–1856 David Livingstone durchquert als erster Europäer den afrikanischen Kontinent auf dem Sambesi. Dabei entdeckt er 1855 die Victoria-Fälle.
1858 Livingstones Mission, den Sambesi hinaufzufahren, scheitert. Stattdessen fährt er den Fluss Shire hinauf, um Malawi zu erforschen, und entdeckt dabei 1859 den Schirwa- und den Njassa-See. Burton und Speke entdecken gemeinsam den Tanganjika-See, und Speke entdeckt allein den Victoria-See.
1864 Samuel White Baker entdeckt von Kairo aus den Albert-See.
1866 Livingstone beginnt seine letzte Expedition: Er soll im Auftrag der RGS die Nilquelle finden.
1867 Edward Young sucht den als verschollen geltenden Livingstone am Njassa-See.
1871 Henry Morton Stanley bricht auf, um nach Livingstone zu suchen, und findet ihn am 28. Oktober in Udschidschi. Bis 1872 bereisen die beiden gemeinsam das Gebiet am Tanganjika-See.
1. Mai 1873 Livingstone stirbt in Chitambo an den Folgen von Ruhr und Unterernährung.
1874–1877 Stanley reist von Bagamojo zum Victoria-See, umfährt den Tanganjika-See und den Victoria-See und entdeckt den Edward-See. Außerdem befährt er den Lualaba und den Kongo von Njangwe (im heutigen Burundi) bis Boma (im Kongo).
1884–1885 Auf der Berliner Kongo-Konferenz verabreden die Kolonialmächte, wie sie Afrika unter sich aufteilen. Rücksicht auf bestehende afrikanische Reiche nehmen sie dabei nicht. Es kommt in der Folge zu blutigen Kämpfen zwischen Afrikanern und Europäern um Land und Vorherrschaft, die die Kolonialmächte aufgrund ihrer militärisch-technischen Überlegenheit für sich entscheiden. Nur in Äthiopien gelingt 1896 ein nachhaltiger Sieg über die Italiener.
1892 Oscar Baumann macht den Kagera als Quellfluss des Nil aus und entdeckt den Manjara- und den Njarasa-See.
1898 Der Deutsche Richard Kandt macht die Quelle des Luvironza-Flusses als Nilquelle aus. Die nach ihm benannte Kandtquelle gilt seitdem als am weitesten von der Mündung entfernte Quelle des Nil.

1919 Auf dem ersten Panafrikanischen Kongress beraten afrikanische Intellektuelle, wie eine afrikanische Zukunft ohne Kolonialismus erreicht und gestaltet werden kann.

1945 Auf dem fünften Panafrikanischen Kongress in Manchester wird eine Resolution verabschiedet, die zur Befreiung vom Kolonialismus aufruft.

Ab 1943 Die Ära der Kolonialmächte geht von Nordafrika aus zu Ende. Als erstes afrikanisches Land wird Libyen unabhängig; die Engländer verlassen Ägypten 1946.

1960 Allein in diesem Jahr werden 17 afrikanische Staaten südlich der Sahara unabhängig. Drei Jahre später wird die Organisation Afrikanischer Einheit (OAU) mit der Unterzeichnung einer Urkunde durch Staatschefs aus 30 unabhängigen afrikanischen Staaten gegründet. In den letzten Kolonien Afrikas wird militärischer Widerstand organisiert.

1962–2006 Autoritäre Herrschaft in Uganda unter den Machthabern Obote, Amin und Museveni. Die Folgen: wirtschaftlicher Niedergang und Missachtung der Menschenrechte. In vielen anderen Staaten Afrikas ist die Lage ähnlich.

2002 Die Afrikanische Union (AU) tritt die Nachfolge der OAU an. Alle 53 afrikanischen Staaten sind Mitglied in der Union. Zum ersten Mal wird eine Erklärung zur Achtung der Menschenrechte und zur Demokratisierung der Mitgliedstaaten verabschiedet.

2005–2006 Expedition Neil McGrigors zu den Nilquellen: Mithilfe von Flugbooten und einem Satelliten-Navigationssystem erreicht sein Team die Quelle eines Flussarms, der in den Nil mündet. Er glaubt, dass diese Quelle noch weiter von der Mündung entfernt ist als die Kandtquelle.

Buchtipps

Sehen – Staunen – Wissen: Afrika, Gerstenberg Verlag, Hildesheim 2005

Sehen – Staunen – Wissen: Die großen Entdecker, Gerstenberg Verlag, Hildesheim 2005

van Dijk, Lutz, *Die Geschichte Afrikas,* Bundeszentrale für politische Bildung, Bonn 2005

Livingstone, David: *Zum Sambesi und quer durchs südliche Afrika 1849–1856.* Edition Erdmann, Stuttgart 1985
ders.: *Die Erschließung des dunklen Erdteils.* Reisetagebücher aus Zentral-Afrika 1866–1873, Deutsche Buch-Gemeinschaft, Berlin 1929 (nur in Bibliotheken und antiquarisch erhältlich)

Scoones, Tim u.a.: *Der Nil. Mythos und Lebensader,* J. Bucher Verlag, München 2004

Stanley, Henry Morton: *Wie ich Livingstone fand. Der Bericht über die Suchexpedition zum Tanganjika-See 1871.* Edition Erdmann, Lenningen 1995

Filmtipps

Der Nil – Die faszinierende Reise entlang des großen Stromes. Folge 3. 2005. DVD
Die Zuschauer reisen mit legendären Forschern auf der Suche nach der Nilquelle durch die Dschungel und Sumpfgebiete Zentralafrikas bis ins Äthiopische Hochland.

Tanzania. 2005. DVD
Eine Reise durch das ostafrikanische Land, dessen Hauptattraktionen die weltberühmten Tierreservate, der höchste Berg Afrikas und Inseln wie Sansibar sind. Gezeigt wird auch die ehemalige Hauptstadt Bagamojo, in der heute noch Spuren von Livingstone und Stanley zu finden sind.

Lost Children. 2005. DVD.
Ab 12 Jahren.
Erschütternde Dokumentation, die auf vier Reisen ins Kriegsgebiet im Norden Ugandas vier Kinder beim Versuch der Wiedereingliederung in ihre Familien begleitet. Ausgezeichnet mit dem Menschenrechtspreis auf dem *Chicago International Documentary Festival* und dem Deutschen Filmpreis für den besten Dokumentarfilm.

Museen

David Livingstones Geburtshaus
David Livingstone Centre
165 Station Road
Blantyre, South Lanarkshire
G72 9BY
Schottland

Ethnologisches Museum Berlin
Arnimallee 27
14195 Berlin-Dahlem
Nach Regionen geordnete Exponate aus West- und Ostafrika; macht mit wichtigen Aspekten afrikanischer Kunst und Geschichte bekannt.

Livingstone-Museum in Livingstone, Sambia
Kontakt über:
The Livingstone Tourism Association (LTA), Sambia
Das größte und älteste Museum Sambias verfügt über eine große Sammlung von David-Livingstone-Erinnerungsstücken sowie eine Bibliothek mit einigen von Livingstones Tagebüchern.

Überseemuseum Bremen
Bahnhofsplatz 13
28195 Bremen
Nach Kontinenten geordnete Dauerausstellung mit umfangreichem museumspädagogischem Angebot

Afrika Museum
Postweg 6
NL-6571 CS Berg en Dal
Für Kinder und Jugendliche sehr empfehlenswert. Vielfältiges museumspädagogisches Angebot, Führungen auch auf Deutsch. Liegt an der Grenze zu Deutschland zwischen Nijmegen und Kleve

Internet-Tipps

• www.atschool.eduweb.co.uk
Ausführliche Informationen über Livingstones Leben und Werk mit einem Foto von seiner Wohnung in England
• www.bpb.de/themen/2MDWSY,O, Afrika.html
Seite der Bundeszentrale für politische Bildung mit Informationen zu Geschichte, Wirtschaft und Kultur Afrikas

Register

Seitenverweise auf Bildlegenden sind *kursiv* gesetzt.

A, B
Ägypten 9, 10, 11, 23, 37
Araber 11, 17, 19, 41, 43, *44*, 48
arabische Händler 10, 41, 43, 48, *49*
Bangweulu-See 8, 46, 55
Bennett junior, James Gordon 36, 37
Bergnil 23
Berliner Konferenz von 1884/85 57
Blauer Nil 9, 23
Burton, Richard 12, 13
Burundi 23, 59

C, D, E, F
Chitambo 8, 55
Chuma, James 17, 55, *56*
Dschungel 6, 14, 15, 17, 21, 48, 56
Farquhar, William 38, *42*
Flugboot *siehe Flying Inflatable Boat*
Flying Inflatable Boat 22, 23, *25*, 28, 29, 30, *31*

G, H, I, K
Großes Seengebiet Zentralafrikas 9, *47*
Heinrich der Seefahrer 11
Herodot 10
Kandt, Richard 57, 58
Kandtquelle 57
Karawane 14, 16, 17, 18, 19, 38, *39*, 41, 43, 46, 48, 52, 54, 56
Katarakte 8, 9, *10*, 11, 23, 24, *30*, 31
Kolonialismus 44, 57
Krisengebiete Afrikas 35
Krokodile 24, 25, *27*, 30

L, M
Livingstone, David 6, 8, 9, 12, 13, 14, 15, 16, 17, 18, 19, 20, 21, 24, 29, 35, 36, 37, 38, 39, 40, 41, 43, 44, 46, 47, 48, 49, 50, 51, 52, 53, 55, 57, 59
Lord's Resistance Army *siehe Rebellen in Uganda*
Lualaba 46, 47, 52, 57
Lukuga 46
Makata 41
Makata-Sümpfe *40*, 43
Makonde 15, 16, 47
Manjema 47
Masitu 19, 21, 46
McGrigor, Neil 6, *22*, 23, *24*, 25, *26*, 27, 29, 30, 31, 32, 33, 34, 35, *53*, 57, *58*, 59
McIntyre, Garth 22, *24*, 26, 29, 30, 31, 32, 35
McLeay, Cam 22, 23, *24*, 25, 26, 29, 30, 31, 32, 35
Murchison-Fälle 23, 29, 30
Murchison-Falls-Nationalpark 30, *31*, 32
Murchison, Sir Roderick 12, 29
Mweru-See 46

N, Q, R
Ngami-See 8,
Njassa-See 14, 18, 21, 46
Nilmündung 9, 22, 23, 29, 57
Nilquelle 9, 11, 18, 22, 23, 29, 46, 52, 55, 57, 58, 59
Nilquellen, Suche nach den 6, 8, 9, 10, 11, 12, 13, 24, 35, 37, 46, 52, 57, 59
Nilquellfluss 46, 52, 54, 58
Nyungwe-Nationalpark 58
Nyungwe-Wald 57, 58
Quellgebiet des Nil 27, *54*
Raschid, Salim ben 41
Rebellenarmee, Angriff der 32-35, 58
Rebellen in Uganda 32, *33*, 34
Regenwald 9, *15*, 58
Rennboote *siehe Zap Cats*
Royal Geographical Society 8, 9, 12, *21*, 24, 29, 56
Ruanda 10, 23, 30, 57, 58, 59
Ruwenzori-Gebirge 58, 59
Ruwuma 14, 18

S, T
Sahara 9, 15, 20
Sambesi 6, 16, 21, 50, 51
Sansibar 8, *10*, 11, *13*, 14, 18, 19, 37, 38, 56
Savanne *15*
Sepoys 14, 16, *17*, 18
Shaw, John William 38, *42*
Sklaven 17, 18, 37, 39, 40
Sklavenhandel 11, 13, 14, 17, 38, 39, 40, 47, 48, 57
Sklavenmarkt in Sansibar *13*, 14, 18, 40, 57
Speke, John Hanning 12, 13, 23, 46
Stanley, Henry Morton 6, 36, 37, *38*, 39, 40, 41, 42, 43, 44, 49, 50, 51, 52, 53, 57
Stromschnellen *siehe Katarakte*
Sudan 9, 11, 23, 24, 28, 29
Suezkanal, Einweihung des *36*, 37f.
Sudd 11, 28, 29, 42
Susi, Abdullah 17, 49, 55, *56*
Tanganjika-See 12, 13, 14, 38, 41, 43, 47, 52, *53*, 54
Tansania 23
Träger 14, 16, 39, 42, 56
Treffen von Livingstone und Stanley 49–51, *51*
Tropenkrankheiten 12, 40, 41, 42, 44, 46, 50, 55

U, V, W
Udschidschi 38, 43, 47, 48, 49, 50
Uganda 9, 23, 24, 25, 30, 32, 34, 44
Urwald *siehe Dschungel*
Victoria-Fälle 6, 8, 9, 13
Victoria-Nil 23
Victoria-See 9, 12, 13, 23, 37, 46, *54*
Wagogo 44, 45
Weißer Nil 9, 23, 59
Willis, Steve 32, 35, 59
Wüste 15, 43, 50

Y, Z
Young, Edward 21, 38
Zap Cats 22, *23*, 24, 25, *26*, 27, 32, 58
Zentralafrika 6, 8, 9, 11, 13, 14, 16, 37, 38, 42, 44, 47, 55

Bildnachweis

akg-images Berlin: Umschlag vorn mr, S. 6mr, 8, 18or, 36, 44, 48/Jürgen Sorges: S. 6-7; The Ascend the Nile Team: Umschlag vorn o&ul, hinten ol, S. 4-5, 7m, 9, 10-11u, 17ur, 18-19u, 20o, 20-21m, 22, 24, 25, 26, 28u, 28-29m, 30, 31, 32, 34, 43o, 53o, 58om&or, 59, 63; Jacques Descloitres, MODIS Land Rapid Response Team, NASA/GSFC, Visible Earth http://visibleearth.nasa.gov/: S. 54; INTERFOTO/Mary Evans Picture Library: S. 10ul Kai Lehmann: Umschlag hinten or, S. 42-43m; picture-alliance/dpa-Bildarchiv: S. 27, 33, 47u/KPA/HIP/The National Archives: S. 37/KPA/Markus Mauthe: S. 15; © Royal Geographical Society: S. 56ol; Jürgen Sorges: Buchrücken, S. 2

Leider war es uns nicht in allen Fällen möglich, die Rechteinhaber ausfindig zu machen; alle Ansprüche bleiben gewahrt.